KB273470

괜찮냐고,
철학이 내게 물었다

괜찮냐고,

철학이 내게 물었다

임재성 지음

30인의 철학자가 오늘 나에게 건네는 철학의 말들

필름

괜찮냐고,
철학은 지금도 묻고 있다

삶이 무겁게 느껴질 때가 있다. 하루를 버티고, 또 버텨보지만 다시 밝아오는 내일이 마냥 반갑지 않을 때 말이다. 잠시 숨을 고르고 싶지만, 현실은 좀처럼 우리를 가만히 두지 않는다. 최첨단 기술로 무장한 세상은 끊임없이 더 많은 것을 요구한다. 어제보다 나은 삶을 기대하며 살아가는데 정작 나는 어디로 가고 있는지 알 수 없을 때가 많다.

치열한 삶의 한가운데서 우리가 잃어버린 것은 어쩌면, 인생의 목표가 아닐지도 모른다. 진짜로 잃어버린 것은 나 자신일 가능성이 크다. 나를 잃으면 삶의 방향은 흐려지고 인생의 무게는 더욱 버겁게 느껴진다. 이럴 때 필요한 것은 시대의 요구에 더 민첩하게 반응하는 일이 아니다. 잠시 멈춰 서서 자신에게 묻는 일이다. 무엇이 나를 움직이게 하는지, 나는 무엇을 원하며 어디로 가고 있는지 말이다.

이 책은 그런 질문에서 시작되었다.

"나는 지금, 괜찮은가?"

우리는 참 많은 질문을 받으며 살아왔다. 결혼은 언제 할 것인지, 취업은 어떻게 할 것인지, 성과는 충분한지, 뒤처지고 있지는 않은지를, 삶은 쉬지 않고 우리에게 되묻는다. 그러나 자신에게는 좀처럼 묻지 않는다. 지금 내 마음은 어떤 상태인지, 삶의 본질은 무엇인지, 성장과 관계 앞에서 나는 어떻게 흔들리고 있는지, 내 삶을 가로막는 것들과 어떻게 맞서야 하는지를 말이다.

철학은 우리에게 멈춰 서서 자신을 돌아볼 시간을 허락한다. 삶의 본질을 묻고, 내가 나를 잃어버린 이유를 조용히 짚는다. 반복되는 일상의 틀에서 한 걸음 물러나 무엇이 중요한지 다시 생각하게 하며 삶의 의미를 스스로 발견하도록 돕는다. 철학은 결코 먼 이야기가 아니다. 우리가 매일 부딪

히는 고민 속에서 자연스럽게 시작된다. "나는 누구인가?", "나는 무엇을 원하는가?" 이 질문 앞에 서 있다면 우리는 이미 철학의 문턱에 들어서 있다.

고대 로마의 철학자 키케로는 철학을 이렇게 말했다.

"분명히 말하건대, 영혼을 위한 의술이 있다. 그것이 철학이다."

그에게 철학은 삶을 회복시키는 실천의 도구였다. 데카르트 역시 "철학 하지 않고 산다는 것은 눈을 감고 길을 가려는 것과 같다"라고 말했다. 삶의 방향을 잃지 않기 위해 철학은 꼭 필요한 사유였다. 하이데거의 말처럼, 철학은 삶에 대한 생각이 아니라 그 자체로 삶의 한 부분이다.

철학은 책 속에만 머무는 사유가 아니다. 일상의 고민과 선택의 순간마다 살아 움직이며 삶의 무게를 덜고 나를 이해하게 한다. 어디로 가야 할지 막막할 때 철학은 방향을 묻고 다시 길을 보게 한다. 그래서 서른 명의 철학자를 불러 세웠다.

이 책은 서른 명의 철학자가 전한 인생의 핵심을 오늘을 사는 우리의 언어로 풀어냈다. 불안에 흔들리거나, 관계

앞에서 길을 잃고, 삶의 의미가 흐려질 때 각자의 상황에 어울리는 철학을 발견할 수 있도록 구성했다. 삶의 방향을 점검해야 할 순간, 철학은 가장 먼저 말을 건네며 지금의 삶에 필요한 질문을 던진다.

우리는 저마다 다른 삶을 살고 고민의 결 또한 다르다. 내 상황에 맞는 철학자의 사유를 나의 문제에 비춰볼 때 철학은 더 이상 추상적인 개념이 아니라 삶에 바로 닿는 현실적인 지혜가 된다.

그러나 스쳐 지나가듯 읽은 철학자의 사유는 내 삶을 바꾸기 힘들다. 단순히 "좋은 말이네!" 하고 덮어버리는 독서로는 내면의 변화를 끌어낼 수 없다. 철학은 머리로 이해하는 데서 그치지 않고 마음으로 받아들여 삶 속에서 실천될 때 비로소 힘을 발휘한다.

그래서 이 책은 철학자의 사유를 소개하는 데서 멈추지 않는다. 그들의 생각을 오늘의 삶과 연결하고 일상에서 바로 실천해 볼 수 있는 단서들을 함께 제시한다. 그중 단 하나라도 삶에 적용할 수 있다면 지금의 고민과 무게는 분명 이전과 다르게 느껴질 것이다.

Prologue
괜찮냐고, 철학은 지금도 묻고 있다

또한 이 책에는 철학자의 사유를 압축한 아포리즘을 함께 배치했다. 아포리즘을 생각과 마음에 새겨두는 일은 비슷한 상황에 다시 놓였을 때 하나의 돌파구가 된다. 한 문장을 떠올리는 것만으로도 판단은 맑아지고 흔들리던 마음은 다시 방향을 찾는다.

그러나 여기서 한 걸음 더 나아가야 한다. 깨닫지 못한 사유는 곧 잊히고, 우리는 다시 같은 고민 앞에 서게 된다. 중요한 것은 이해가 아니라 지속이다. 사유가 생각에 머물지 않고 삶의 습관으로 이어질 때, 철학은 나를 붙잡아 준다. 일상의 선택과 태도 속에 스며든 사유만이 흔들리는 순간에도 삶의 중심을 지켜준다.

그래서 이 책에는 철학자의 아포리즘을 따라 자신이 깨달은 바를 직접 적어볼 수 있는 공간을 마련했다. 깨달음을 기록하려는 결심은 내면 깊숙이 자리한 감정과 생각을 끌어올리는 과정이다. 글로 옮기는 순간, 막연했던 생각들은 형태를 갖추고 그동안 미처 알지 못했던 나 자신의 모습을 드러낸다.

깨달음까지 적어 내려갈 때 철학자의 사유는 비로소 나

의 것이 된다. 그 문장이 내 삶에 어떤 의미로 남았는지를 곱씹어 기록하는 순간 철학은 책 속의 지혜를 넘어 삶을 움직이는 힘으로 스며든다. 그렇게 철학은 오늘의 나를 조금 더 단단한 방향으로 이끌어줄 것이다.

2026년 1월

임재성

Contents

1장

마음이 흔들릴 때,
철학이 말해준 것

흔들림 속에서도
평화를 지키고 싶다면

아우렐리우스

> "밖이 아무리 시끄러워도 자네 마음까지 시끄러워질 필요는 없네. 잠시 멈춰 서서, 지금 자네 마음이 무슨 말을 하고 있는지 들어보게. 평화는 바로 그 순간, 그 자리에서 시작되는 법이네."

끊임없는 자극 속에 사는 우리

우리는 끊임없이 연결되는 세상에 살고 있다. 스마트폰과 인터넷은 언제 어디서나 타인과 소통할 수 있는 수단을 제공하지만, 동시에 내면의 평화를 방해하는 가장 큰 원인이 되기도 한다. 정보는 끊임없이 쏟아지고 SNS에는 지인들의 멋진 사진과 성공적인 모습이 시시각각 올라온다. 그들의 화려한 일상 모습에 나만 뒤처진 것은 아닌지 불안함으로 조바심이 나기도 한다. 수시로 울리는 알림은 삶의 정적을 깨뜨리기 일쑤고 때론 응답에 대한 압박감을 느낀다. 경제적 불안과 관계에서의 갈등 역시 마음의 평온을 깨뜨린다. 끊임없는 경쟁과 성취에 대한 압박도 한없이 지치게 만든다.

이렇게 내면의 평화가 깨진 삶을 살고 있다면 아우렐리우스를 만나보자. 그는 끊임없는 혼란과 압박 속에서도 흔들리지 않는 고요를 유지하며 살았다. 그의 철학은 우리가 외부의 소음에 휘둘리지 않고 내면의 중심을 세우는 방법을 가르쳐준다.

삶의 시선을 외부가 아닌 내면으로 돌려라

마르쿠스 아우렐리우스는 121년 로마에서 태어났다. 귀족 가문에서 태어난 그는 어린 시절부터 학문과 철학에 재능을 보였다. 그래서 18살에 양부였던 안토니누스 피우스 황제의 후계자로 지목돼 철저한 교육을 받으며 성장했다.

하지만 마음은 혼란스러웠다. 궁 안의 화려함과 권력의 중심에 있었지만, 그곳은 늘 긴장과 책임이 가득한 공간이었다. 궁 안에서 행해지는 악행과 방탕함은 마음에 깊은 갈등을 불러일으켰다. 그는 권력의 중심에서 부패와 음모를 목격하며 인간의 어두운 면을 마주해야 했다.

흔들림 속에서도 평화를 지키고 싶다면
아우렐리우스

파우스 황제가 죽자 아우렐리우스는 서른아홉의 나이에 로마의 황제가 된다. 그가 황제에 오를 당시, 로마 제국의 상황은 좋지 않았다. 변방 민족들의 전쟁과 반란이 거듭되면서 평화가 흔들렸다. 동쪽으로는 파르티아 제국이 북쪽에서는 게르만족이 침략을 거듭해 왔다. 설상가상 역병까지 창궐해 로마는 더욱 힘든 상황이었다.

아우렐리우스는 168년부터 거의 10년에 걸쳐 전쟁터에 머물러야 했다. 위태로운 전장 속에서 그는 시간이 날 때마다 글을 썼다. 전황의 어려움과 통치 이념을 로마의 시민과 관료에게 쓴 글이라고 생각할 수 있는데, 아니다. 아우렐리우스는 자신에게 썼다. 그리스어로 기록한 글의 원제는 '자기 자신에게Ta Eis Heauton'였다. 그 글이 훗날 《명상록》으로 바뀌었다.

아우렐리우스는 위태로운 삶 속에서 시선을 외부에 두지 않고, 철저히 자신에게 두었다. 그는 '너는'이라는 호칭으로 자신을 부르며 삶을 헤쳐 나가기 위한 메시지를 끊임없이 자신에게 던졌다. 때로는 두서없이 때로는 간절하게 내면의 소리를 기록하며 자신의 인생을 성찰했다. 그가 이렇게 자신에게 시선을 둔 이유는 다음의 문장에서 분명히 드러난다.

"우리의 인생은 우리의 생각에 의해 만들어진다."

이 한 문장은 아우렐리우스의 생애를 함축적으로 보여준다. 그는 외부의 상황이 아니라 자신의 내면에서 삶의 주도권을 찾고자 했다. 내면의 힘으로 외부의 혼란과 위기를 극복할 수 있다고 믿은 것이다.

아우렐리우스는 어떤 상황에서든 내면부터 바로잡으라고 말한다. 삶의 위기가 찾아오고 내면의 평화가 깨질 때 자기 내면부터 다스리라며 피를 토하듯 강조한다. 내면의 뿌리가 깊고 튼튼하지 않으면 외부의 자극에 무너질 것이 분명하다고 생각했기 때문이다.

"외부에서 벌어지는 일들에 흔들리고 있는가? 그런 일에 시간을 허비하지 말고, 차라리 네게 진정한 유익을 주는 것을 배우는 데 마음을 쏟아라. 방황을 멈추고 내면을 바로 세운 뒤에도 또 다른 혼란이 찾아올 것이다. 목적 없이 충동에 휩쓸리고 생각을 부풀리는 자는, 결국 말과 행동이 모두 허공에 흩어지고 말 것이다."

혼들림 속에서도 평화를 지키고 싶다면

아우렐리우스

그렇지만 마르쿠스 아우렐리우스도 우리와 같은 인간이었다. 그 역시 내면의 평화가 깨지는 순간들이 있었고 자신을 괴롭히며 깊은 수렁에 빠지곤 했다. 그는 아들 코모두스를 후계자로 지명했다. 하지만 아들은 아버지와는 달리 폭정을 일삼았고 결국 암살당하고 만다. 이로써 80년 동안 이어졌던 로마의 황금기는 아우렐리우스와 함께 막을 내렸다. 이런 혼란 속에서도 그는 자신을 향해 이렇게 글을 썼다.

"오, 나의 영혼이여, 어찌하여 자신을 그토록 학대하는가. 왜 너는 자신을 괴롭혀 마땅히 누려야 할 존귀함의 기회마저 스스로 버리고 있는가."

내면의 중심을 잡지 않으면, 우리는 나침반을 잃은 배처럼 끝없이 흔들리고 방황하게 된다. 방향을 잃으면 길을 찾지 못하고 방황하기 마련이다. 인생의 파도에 휩쓸려 목적 없이 표류하게 된다. 내면의 중심이 없는 삶은 가장 작은 물결에도 휘청거릴 수밖에 없다.

아우렐리우스의 지혜로 내면의 평화를 찾는 길

아우렐리우스는 삶을 바라보는 시선에 대해 강조한다. 무엇

1장
마음이 흔들릴 때, 철학이 말해준 것

보다 시선을 안으로 돌리는 자세를 길러야 한다는 것이다. 그는 외부 세계의 혼란을 억지로 통제하려 애쓰기보다, 내 안의 질서를 바로 세우는 데 집중했다. 그러니 우리도 삶이 흔들릴 때마다 내면으로 시선을 돌려 마음의 안정을 회복하는 연습을 해야 한다.

하루 중 일부는 의도적으로 비워두자. 잠깐의 명상, 조용한 산책, 책과 함께하는 시간처럼 외부 자극에서 벗어나 나와 대화하는 순간이 필요하다. 그렇게 쌓인 고요는 작은 파도에도 쉽게 흔들리지 않는 중심을 만들어준다.

불필요한 정보와 비교에서 거리를 두는 일도 필요하다. SNS나 뉴스가 주는 과도한 자극은 마음을 불안하게 만들 뿐이다. 아우렐리우스가 말했듯이 나에게 유익한 것에 시간을 쓰고 의미 없는 방황을 줄이는 연습을 들여야 한다. 하루를 마무리할 시간에 스스로에게 물어보자.

"오늘 가장 나를 흔든 사건은 무엇이었는가? 그때 나는 어떻게 반응했는가?"

이런 질문은 감정을 다스리고, 내 가치와 목표에 맞게 다시 방향을 잡게 한다.

 혼들림 속에서도 평화를 지키고 싶다면
아우렐리우스

평화가 완벽하게 세워지는 순간도 막연히 기다리지 말자. 흔들릴지라도 다시 중심을 잡아가는 과정 자체가 곧 삶이기 때문이다. 평화는 어느 날 갑자기 완성되는 것이 아니라, 매 순간의 선택과 태도 속에서 서서히 자라난다.

그러니 삶이 거칠게 요동칠 때마다 기억하자. 외부의 소음과 혼란보다 더 중요한 것은 내면의 목소리라는 것을. 세상이 재촉하고 불안이 파도처럼 몰려와도, 나를 지키는 힘은 언제나 내 안에 있다는 것을. 그 목소리에 귀 기울일 때 우리는 불안 속에서도 방향을 잃지 않고, 흔들림 속에서도 다시 일어설 수 있다.

마음이 흔들릴 때, 철학이 말해준 것

오늘을 바꾸는 철학 한 줄

- 꼭 기억하라. 최고의 복수는 상처를 준 사람과 똑같아지지 않는 것이다. 그러니 절대 나쁜 마음에 자신을 내어주지 마라.

- 고통은 언젠가 반드시 끝난다. 네가 상상력으로 그 고통을 과장하거나 부풀리지 않는다면, 끝내 견디지 못할 고통은 없다.

- 우리의 생각이 곧 우리의 삶을 결정한다. 인생이 힘들지라도 마음을 바로 세운다면 어떤 고난도 이겨낼 수 있다.

- 당신이 자주 품는 생각, 그것이 곧 당신이 된다.

- 혹시 당신은 자신을 너무 학대하고 있는 것은 아닌가? 그러다 보면 자신을 존중할 기회를 잃고 만다.

나만의 깨달음 한 줄

혼들림 속에서도 평화를 지키고 싶다면
아우렐리우스

"세상이 우리를 흔들어도 마음마저 내어주진 말자. 어제의 후회와 내일의 두려움은 내려놓고, 지금, 이 순간을 온전히 살아가자."

완벽함보다는 평정심에 집중하자

AI 시대는 혼란의 연속이다. 기술의 발전은 세상을 더욱 불확실하고 복잡하게 만들었다. 예측할 수 없는 내일 속에서 우리는 자주 길을 잃는다. 끝이 보이지 않는 불확실함은 불안을 증폭시키고 치열한 경쟁에서 뒤처질까 하는 조바심은 압박감을 더욱 키운다. 명확한 답을 찾기 위해 발버둥 치지만, 돌아오는 것은 점점 흐려지는 길의 흔적일 때가 많다. 변화의 물결 속에서 흔들리지 않는 자아를 간절히 원하지만 평정을 유지하는 것이 쉽지 않다.

이럴 때 우리가 주목해야 할 철학자는 세네카다. 온갖 음모와 투쟁이 난무했던 로마 시대에 살았던 그는 외부 상황에 휘둘리지 않고 마음의 평정과 내면의 고요를 지키려고 했다. 그의 지혜는 혼란의 시대를 살아가는 우리에게도 여전히 강력한 길잡이가 될 수 있다.

세네카, 불확실한 삶을 극복한 철학자

루키우스 안나이우스 세네카는 기원전 4년경, 지금의 스페인 코르도바에서 태어났다. 그러나 이내 로마로 이주해 성장하며 학문에 매진했다. 어린 시절 아버지에게 수사학을 배우며 변론술과 철학에 심취했다. 특히 스토아 철학의 대부 섹스투스의 제자가 되어 스토아 철학을 깊이 연구했다.

그러나 그의 삶은 순탄하지 않았다. 천식과 결핵으로 요양과 치료를 병행해야 했던 그는 결국 우울증까지 겪게 되었다. 늦은 나이에 정계에 입문했으나 그마저도 오래가지 못했다. 그는 정치적 갈등으로 인해 결국 코르시카섬으로 유배되어 8년간 외로운 시간을 보내야 했다.

세네카를 로마로 부른 사람은 이후 황제가 된 네로의 어

 혼돈 속에서도 중심을 잃지 않으려면
세네카

머니 아그리피나였다. 그녀는 어린 네로의 교육을 세네카에게 맡겼다. 세네카는 5년 동안 그의 가정교사로 일하며 철학을 가르쳤다. 네로가 황제로 즉위한 후에는 10년간 그의 곁에서 보좌하며 로마의 정치에 깊이 관여했다.

네로는 황제가 된 후 처음 5년 동안은 선정을 베풀었다. 그러나 어머니를 살해한 뒤 폭정을 일삼는 폭군으로 변했다. 세네카는 네로가 올바른 통치를 하도록 끊임없이 조언했다. 하지만 네로는 그의 말을 받아들이지 않았다. 실망한 세네카는 스스로 궁정을 떠나 집필 활동에 전념했다. 이 시기에 그는 인간의 본성, 인생의 의미, 윤리적 삶에 대한 깊은 통찰을 《인생론》, 《행복론》, 《분노》 등의 저서로 남겼다.

하지만 평온한 삶은 오래가지 않았다. 세네카의 조카가 황제 암살 계획에 연루되면서 그는 네로로부터 즉각 자결하라는 명령을 받았다. 이렇게 스토아 철학자의 삶은 비극적으로 마무리되었다.

스토아 철학의 핵심은 "불행은 결코 우리의 행복을 감소시킬 수 없다"라는 것이다. 스토아 철학은 불행을 이겨내고 고통을 극복하며 마음의 평정을 유지하는 데 초점을 맞춘다. 세네카 역시 삶의 불행 앞에서도 자신의 행복을 포기하지 않았다. 불확실하고 혼란스러운 운명을 연구하며 이를 극복하는 방법을 철학으로 남긴 것이다. 그는 변덕스럽고 혼란스러운 운명을 이렇게 표현했다.

"태양이 떠오를 때는 당당히 고개를 들지만, 저물 때는 자연스레 고개가 숙여진다. 승리 앞에서는 자만을 경계하고, 시련 앞에서는 희망을 놓지 말라."

세네카는 자신이 어찌할 수 없는 현실 앞에서 내면으로 시선을 돌렸다. 그는 어떤 시련이 닥치더라도 희망을 잃지 말아야 한다고 강조했다. 혼란스러운 삶을 마주했을 때 분노를 밖으로 표출하기보다 그것을 내면으로 승화시켜 글로 남겼다. 자신이 통제할 수 있는 것에 집중하며 위기를 극복했던 것이다.

특히 유배 생활 중 남긴 짧은 글들은 읽는 이를 미소 짓게 하고, 깊은 위로를 전한다.

"오직 진실만을 말하되, 진실을 다룰 수 있는 자들에게만 말하라."

"무지한 사람들과 어울리지 마라."

혼돈 속에서도 중심을 잃지 않으려면
세네카

세네카는 자신의 힘으로 어찌할 수 없는 상황에서도 결코 좌절하지 않았다. 오히려 그는 웃으라고 말한다. 인생이란 언제 어떤 시련이 닥칠지 모르는 것이기에 외부 상황에 흔들리지 않고 내면을 바로 세우는 것이 중요하다는 것이다. 그는 내면을 성찰하는 것을 수없이 강조했다.

"인간은 무엇보다 외부의 속박에서 자신을 풀어주고, 자신을 성찰하며, 확고한 자신감을 지녀야 한다. 손해를 보더라도 분노하지 않고, 역경 속에서도 긍정의 단서를 찾아야 한다."

세네카는 시간의 유한함도 깊이 인식하고 있었다. 삶이 길지 않으니 오늘을 충실히 살라는 그의 조언은 불확실한 미래에 대한 두려움이나 과거에 얽매인 삶을 벗어나게 한다. 오늘, 이 순간에 집중해야 흔들리지 않을 수 있다는 것이다.

"내일은 결코 우리가 통제할 수 있는 시간이 아니다. 지금, 이 순간이야말로 우리가 진정으로 살아갈 수 있는 전부

1장
마음이 흔들릴 때, 철학이 말해준 것

이다."

세네카는 혼돈의 한가운데서도 내면의 등불을 꺼뜨리지 않았다. 세상의 소란이 아무리 거세도 그는 스스로 단련하며 어둠 속에서 빛을 밝히는 불씨를 키웠다. 세상이 혼란스러울수록 마음의 중심을 지키는 것이 중요하다. 내면의 중심이 단단히 세워질 때, 어떤 어려움 속에서도 다시 일어설 수 있기 때문이다.

혼돈 속에서 흔들리지 않는 세네카의 지혜

세네카의 철학은 혼돈 속에서 마음의 평형을 지키는 길을 분명히 보여준다. 그는 외부의 변화와 소음보다, 자기 내면을 다스리는 일을 먼저 하라고 강조했다. 그러려면 먼저 자기 욕망을 점검할 필요가 있다. 내가 추구하는 것이 진정 나를 위한 것인지, 아니면 타인과의 비교나 세상의 유행이 만들어낸 허상인지 스스로 물어야 한다. 욕망이 나를 이끄는 대로 끌려다니면 마음은 쉽게 요동치지만, 내가 욕망을 다스릴 수 있다면 마음은 훨씬 가벼워진다.

또한 시선을 살펴야 한다. 과거의 후회에 묶여 있거나

　　　혼돈 속에서도 중심을 잃지 않으려면
세네카

오지 않은 미래의 두려움에 사로잡혀 있지는 않은지, 아니면 오늘에 온전히 머물고 있는지를 점검하는 것이다. 우리가 어디를 바라보느냐가 곧 생각을 만들고, 그 생각이 삶의 방향을 결정한다.

세네카는 삶의 유한함을 깊이 인식하라고 말한다. 시간이 한정되어 있다는 사실을 깨달으면 불필요한 집착을 내려놓고 진정 중요한 것에 에너지를 쏟게 된다. 내일을 완벽히 통제할 수 없으니 오늘을 가장 좋은 날로 살아야 한다. 이를 위해서는 정기적으로 자신을 돌아보는 시간이 필요하다. 내가 원하는 삶과 지금의 삶이 맞닿아 있는지 확인하는 성찰은 혼란 속에서도 길을 잃지 않게 한다.

마지막으로 소박한 삶을 추구하자. 더 많이 가지려는 마음을 내려놓으면 불안과 혼란이 줄어든다. 있는 그대로의 나로 충분하다는 것을 받아들일 때, 세상의 소음 속에서도 평정심을 지킬 수 있다.

그러니 삶이 거칠게 뒤흔들릴 때마다 기억하자. 완벽히 통제할 수 없는 외부의 파도에 맞서 싸우기보다 그 안에서 나를 가누는 평정심이 더 큰 힘이 된다는 것을. 세네카가 말한

1장
마음이 흔들릴 때, 철학이 말해준 것

평정은 세상을 외면하는 도피가 아니라, 어떤 상황에서도 자신을 지탱하는 내면의 토대다. 그 평정심이 있다면 우리는 끝내 중심을 잃지 않고 자기 길을 걸어갈 수 있다.

 혼돈 속에서도 중심을 잃지 않으려면
세네카

오늘을 바꾸는 철학 한 줄

- 진정한 강자는 자신을 다스릴 수 있는 사람이다.

- 자신을 비참하다고 여기는 마음이야말로 불행의 근원이다.

- 운명은 의지를 가진 자를 앞으로 이끌고, 머뭇거리는 자를 질질 끌고 간다.

- 가장 큰 불행은 앞날을 걱정하느라 이미 불안에 사로잡힌 마음이다.

- 지나간 일에 발목 잡혀 비틀거리지 마라.

나만의 깨달음 한 줄

1장

마음이 흔들릴 때, 철학이 말해준 것

내 뜻대로
삶이 풀리지 않는다면

에픽테토스

> "모든 게 뜻대로 되지 않아도 괜찮다오.
> 자네가 바꿀 수 있는 건 오직 자네의
> 생각과 태도뿐이지. 그걸 지킬 수 있다
> 면, 어떤 날에도 자네는 자유인으로 살
> 아갈 수 있네."

뜻대로 풀리지 않는 삶 앞에서

내 뜻대로 삶이 풀리지 않을 때가 있다. 애써 계획한 일들은 기대와 다르게 흘러가고, 간절히 바라던 소망은 손에 닿기 직전에 미끄러지듯 멀어져 가기도 한다. 때로는 내가 걷고 싶은 방향과 전혀 다르게 삶이 흘러갈 때도 많다. 내 힘으로 어찌할 수 없는 일들이 쌓여 갈 때 마음 한구석에는 깊은 무력감과 불안감이 밀려온다.

이렇게 내 삶이 뜻대로 풀리지 않는다면 에픽테토스를 만나야 한다. 그는 인생의 3분의 1을 노예로 살아야 했다.

자신이 원하는 삶을 전혀 살 수 없는 상황에 있어야 했다. 그렇지만 그는 내면의 평화를 유지할 방법을 터득했고 자신만의 철학을 완성했다. 그의 철학을 만난다면 내 뜻과 다른 길로 흘러가는 상황 속에서도 그 안에서 나만의 의미를 찾아갈 수 있다.

통제할 수 있는 것에 집중하는 삶의 철학

에픽테토스는 서기 55년경에 소아시아 히에라폴리스에서 노예 여성의 아들로 태어났다. 자신의 의지와 상관없이 태어남과 동시에 노예가 된 것이다. 노예의 삶은 처참했다. 당시 로마인들은 노예를 매우 거칠게 다뤘다. 설상가상 첫 번째 주인은 매우 폭력적이고 비열했다. 한번은 그의 다리를 온 힘을 다해 비틀었고 그로 인해 다리가 부러지고 말았다. 그런데도 에픽테토스는 눈물을 흘리지 않았고 소리조차 내지 않았다고 한다. 주인이 다리를 비튼 것 때문인지 노예 생활 중에 다친 것 때문인지 확실하지는 않지만, 그는 평생 절름발이로 살았다. 그럼에도 좌절하지 않았다. 그가 한 말을 보면 어떤 의지로 살았는지 알 수가 있다.

"절뚝거림이 다리엔 장애가 될지언정 내 의지까지 절뚝거리게 하지는 못한다."

에픽테토스는 자신의 뜻대로 할 수 없는 것들에 냉철한 자세를 취했다. 내 힘으로 할 수 없는 것은 걱정하지 않는다는 것이다. 대신에 자신의 힘으로 바꿀 수 있는 것에 집중했다. 그는 자신이 통제할 수 없는 상황 속에서 어떤 선택을 하며 살아야 하는지를 삶으로 터득했다. 외부 상황은 자신의 힘으로 바꿀 수 없으니, 내면의 태도에 집중해야 함을 깨달은 것이다. 그래서 '통제할 수 있는 것과 통제할 수 없는 것을 구분'하는 철학적 사유를 탄생시켰다. 에픽테토스의 제자 아리아노스가 스승의 사유를 정리해 펴낸 책 《편람(엥케이리디온)》의 내용을 보면 이해가 간다.

"세상에는 자기가 통제할 수 있는 일과 통제할 수 없는 일이 있다. 충동과 욕망, 혐오는 자아에 속한 것이기에 스스로 다스릴 수 있지만, 질병과 부, 명예는 자아에 속하지 않으므로 스스로 통제할 수 없다. 우리는 본능적으로 통제할 수 있는 일에서는 자유와 환희, 충만함을 느끼고 통제할 수 없는 일에서는 불안과 억압과 위태로움을 느낀다."

내 뜻대로 삶이 풀리지 않는다면
에픽테토스

에픽테토스는 삶이 뜻대로 펼쳐지지 않을 때 통제할 수 있는 것에 집중하라고 조언한다. 자기 내면은 스스로 통제가 가능하니 그 상황을 바라보는 자신의 생각과 반응을 통제하라는 것이다.

하지만 이런 삶의 자세를 유지하는 일은 만만치 않다. 머리로는 이해가 되는데 삶으로 살아내는 게 쉽지 않다. 작심삼일에 그치는 경우도 많다. 에픽테토스도 그랬던 것 같다. 그래서인지 그는 매일 아침, 자기 자신과 대화를 나누는 시간을 가졌다. 어제를 되돌아보며 무엇이 발전했고, 무엇이 부족했는지를 점검한 것이다.

또한 앞으로 닥칠 일을 예측하며 준비하는 것도 잊지 않았다. 부족한 부분이 보이면 관련된 내용의 철학 구절을 암송했다. 자신에게 끊임없이 동기를 부여하면서 어려움을 극복해 나간 것이다. 에픽테토스는 말로만 자기 철학을 주장한 것이 아니라 삶으로 증명해 보였다. 그리고 제자들에게 전수했다. 이는 훗날 황제가 된 아우렐리우스에게도 전해졌다.

에픽테토스는 그 어떤 상황에서도 자신을 잃지 않는 법

을 알았다. 자신이 통제할 수 없는 삶의 고난 속에서도 그 고난에 휩쓸리지 않고 내면의 자유를 지켜냈다. 자유는 외적 조건에 있지 않다는 그의 깨달음은 불확실한 삶의 길 위에서 흔들리는 우리에게 깊은 울림을 준다.

"노예로 태어났어도 실패가 아니다. 절름발이가 되어도 망하지 않았다. 우리는 그 어떤 순간에도 자유인으로 살 수 있다."

뜻대로 되지 않는 삶을 다스리는 법

삶이 뜻대로 흘러가지 않을 때, 우리는 쉽게 좌절과 무력감에 빠진다. 그러나 에픽테토스는 그런 순간이야말로 내면을 단련할 기회라고 말한다. 첫걸음은 통제할 수 있는 것과 없는 것을 구분하는 것이다. 외부의 사건, 타인의 말과 행동, 우연히 닥친 불운은 내가 통제할 수 없는 영역에 속한다. 그러나 그 상황을 어떻게 해석하고 반응할지는 오롯이 내 몫이다. 그러니 외부를 바꾸려 애쓰기보다, 그에 대한 나의 생각과 태도를 다스리는 데 힘을 쏟아야 한다.

둘째, 현재의 순간에 몰두하는 것이다. 세네카가 말했듯,

내 뜻대로 삶이 풀리지 않는다면
에픽테토스

"내일은 우리가 통제할 수 있는 시간이 아니다." 이미 지나간 과거의 후회나 오지 않은 미래의 불안에 붙잡혀 있으면 중심을 잃는다. 오직 지금, 이 순간 내가 할 수 있는 일에 온전히 집중할 때, 마음의 불안은 서서히 가라앉고 평정심이 자리를 잡는다.

셋째, 정기적으로 자신과 대화하는 시간을 갖자. 에픽테토스는 매일 자신에게 묻고 답하며 하루를 점검했다. 오늘 내가 잘한 일은 무엇인지, 부족했던 점은 무엇인지 돌아보는 습관은 내면의 기둥을 세운다. 이렇게 쌓인 성찰은 외부의 거센 파도 앞에서도 쉽게 무너지지 않는 힘이 된다.

마지막으로, 자기 연민을 내려놓고 객관적으로 상황을 바라보는 훈련이 필요하다. '왜 나만 이런가'라는 생각에 사로잡히면 시야가 좁아지고 해결책은 멀어진다. 오히려 한 걸음 물러서서 상황을 냉정히 바라볼 때, 그 안에서 배울 점과 앞으로 나아갈 길이 보인다.

에픽테토스의 가르침은 분명하다. 삶이 뜻대로 풀리지 않아도, 내가 통제할 수 있는 태도와 선택에 집중한다면 외부의 폭풍 속에서도 내면의 자유를 지킬 수 있다. 그렇게 살

때 우리는 더 이상 환경의 희생자가 아니라 삶의 주인으로
설 수 있다.

내 뜻대로 삶이 풀리지 않는다면
에픽테토스

<h1 style="text-align:center">오늘을 바꾸는 철학 한 줄</h1>

- 당신이 허락하지 않는 한 누구도 당신을 아프게 할 수 없다. 그 아픔을 허락할 때만 당신은 아픔을 느끼게 된다.

- 나를 위해 살지 않으면 남을 위해 살게 된다.

- 행복으로 가는 길은 오직 하나뿐이다. 그것은 우리의 의지를 넘어선 것에 대한 걱정을 멈추는 것이다.

- 인간에게 고통을 주는 것은 일어난 일 그 자체가 아니라, 그 일에 대한 우리의 판단이다.

- 자유란 당신의 욕망이 이루어질 때 생기는 것이 아니라, 당신이 가진 욕망을 버릴 때 생기는 것이다.

<h2 style="text-align:center">나만의 깨달음 한 줄</h2>

1장

마음이 흔들릴 때, 철학이 말해준 것

혼자 있는 시간을
가치 있게 보내려면

몽테뉴

> "세상과 잠시 거리를 두고 혼자만의 방으로 들어가 봐. 그곳에서 너의 진짜 목소리를 들을 수 있을 거야. 그 시간이 쌓일수록 너는 더 단단한 사람으로 자라날 테지."

고요 속에서 느끼는 낯선 불편함

바쁜 하루가 끝난 밤, 문득 찾아오는 고요의 순간이 있다. 휴대전화 알림이 멈추고 주변의 소음이 잦아들면 비로소 혼자만의 시간이 시작된다. 어떤 사람은 이 순간을 해방과 자유로 느끼지만, 어떤 사람은 낯선 공허함과 불안에 사로잡힌다. 결국 고요를 견디지 못하고 다시 휴대전화를 켜거나 텔레비전을 찾으며 외부의 소음으로 빈자리를 메우려 한다.

삶은 끊임없이 더 큰 목표를 향해 달리라고 재촉한다. 그러다 보니 혼자 있으면 소외될지 모른다는 불안이 스며든다. 우리는 고요마저 잃어버리며 가장 중요한 것을 잊은 채 살아간다. 바로 나 자신과 마주하는 시간이다.

혼자 있는 시간을 가치 있게 보내고 싶다면 몽테뉴를 만나자. 몽테뉴는 혼자 있는 순간을 통해 자기 내면과 대화하며 삶의 본질에 다가갔다. 그는 혼자 있는 시간이 자신을 이해하고 삶을 정돈하는 소중한 시간이라고 조언한다.

몽테뉴가 가르쳐준 혼자 있는 시간의 의미

미셸 에켐 드 몽테뉴는 1533년 프랑스 도르도뉴의 귀족 가문에서 태어났다. 어린 시절부터 그는 프랑스어보다 라틴어를 먼저 배우며 고전 문학과 철학을 깊이 익혔다. 당시 라틴어 교육은 고대 사상가들의 지혜를 직접 접하는 길이었다. 이 경험으로 그는 사유와 글쓰기의 능력을 튼튼히 세울 수 있었다. 어려서부터 논리적 사고와 성찰을 중시하는 학문적 환경 속에서 자란 그는 20대에 법관이 되어 안정된 삶을 살기 시작했다.

그러나 30대에 접어들면서 그의 삶은 연이은 시련에 휩싸였다. 평생의 벗 '라 보에시'가 페스트로 세상을 떠났고,

1장
마음이 흔들릴 때, 철학이 말해준 것

서른다섯 살에는 아버지가, 그다음 해에는 남동생이 세상을 떠났다. 자신도 낙마 사고로 죽음의 문턱을 넘나드는 경험을 했다. 이 연속된 상실과 위기는 몽테뉴에게 한 가지 결심을 안겨주었다. 삶을 멈추고 자신을 돌아보아야 한다는 것이었다.

그는 서른여덟 살에 법관직에서 은퇴하고 고향 몽테뉴성에 자신만의 서재를 마련했다. 그곳은 세상과 거리를 두고 오롯이 자신과 대화할 수 있는 공간이었다. 그는 그곳에서 글을 쓰기 시작했고 삶이 끝날 때까지 이 작업을 멈추지 않았다. 삶의 본질을 탐구하고, 내면의 질서를 세우기 위한 의식적인 선택이었다.

그때 쓴 글이 《에세Essais》라 불리는 '수상록'이었다. 우리가 '에세이'라 부르는 글쓰기 장르의 시작점이라 볼 수 있다. '에세'는 프랑스어로 '시험', '시도', '경험'을 의미한다. 몽테뉴 시대에는 '맛보다', '시음하다'라는 뜻으로 사용되었다. 그런 의미에서 《에세》는 '미셸 에켐 드 몽테뉴의 맛보기'라고 해석할 수 있다. 몽테뉴는 자신을 맛보기 위해서 칩거하며 글을 쓴 것이었다.

혼자 있는 시간을 가치 있게 보내려면
몽테뉴

몽테뉴의 글은 철학적 체계를 세우는 작업이 아니었다. 삶의 평화가 깨질 때 자기 자신을 관찰 대상으로 삼아 자신과 삶의 본질을 연구한 것이었다. 서재의 벽면에 적어둔 '나는 무엇을 아는가?'라는 물음에 스스로 답을 찾으려는 시도였다. 그는 끊임없이 시선을 내면에 두며 자신을 탐구했다. 그가 남긴 말들이 그의 간절한 마음을 알게 한다.

"세상에서 가장 위대한 일은 자기 자신을 아는 일이다."

"우리의 영혼은 고개를 돌려 자신을 바라볼 줄 알기에, 언제나 우리의 든든한 동반자가 되어준다."

"사람들은 늘 앞만 보지만, 나는 시선을 내면으로 돌려 나를 살핀다. 나 자신을 돌보고, 끊임없이 시험하며, 분석하고, 음미한다."

몽테뉴는 혼자 있는 시간 속에서 자신을 이해하고 삶의 방향을 정비하는 것이 얼마나 중요한지 깨달았다. 그래서 스스로 고독 속으로 들어간 것이다. 자신의 서재에서 은둔하며 진정한 나 자신과의 만남을 시작했다. 그래서인지 그는 자신만의 은신처가 필요함을 강조한다.

"온전히 나만의 뒷방, 곧 은신처를 마련해 진정한 자유와

1장

마음이 흔들릴 때, 철학이 말해준 것

고독을 누려야 한다. 그곳에서 매일 자신을 돌보고, 외부의 교류나 소통이 스며들 수 없을 만큼 철저히 은밀한 공간으로 가꾸어가야 한다."

분주한 삶에서는 자신을 마주하기 힘들다. 혼자 있을 수 있어야 자기 내면을 직면할 수 있다. 그때 우리는 비로소 내면의 평화를 찾고 자신이 어떤 사람인지, 무엇을 할 수 있을지 답을 찾을 수 있다. 몽테뉴는 자신이 어떤 사람인지 모르는 이유를 이렇게 말했다.

"우리는 자신과 사귀는 법을 배워야 한다. 자신의 내면이 어떻게 생겼는지 모르기 때문에 자아 밖에서 떠도는 것이다."

몽테뉴의 철학은 추상적이지 않다. 그는 철학을 삶의 도구로 사용했다. 자신의 경험을 통해 삶의 본질을 탐구한 것이다. 그는 《에세》의 제목에서 드러나듯, 철학을 '맛보고 시도하는 것'으로 여겼다. 이론적으로 완벽한 답을 찾기보다 자신의 삶을 실험하며 다양한 질문을 던지고 그 과정에서 깨달음을 얻은 것이다.

그러니 삶에 평화가 깨지거나 어떻게 살아야 할지 갈피

 혼자 있는 시간을 가치 있게 보내려면
몽테뉴

를 잡지 못하겠다면, 혼자만의 시간을 가져보자. 그 고요 속에서 나 자신과 만날 용기를 낸다면 몽테뉴처럼 자기 삶의 의미를 다시 발견할 수 있을 것이다. 혼자라는 시간은 공허가 아니라, 내 삶이 더 인간답게 살아가는 출발점이 될 수 있다.

세상과 거리를 두고 나를 세우는 힘

몽테뉴의 철학은 혼자 있는 시간을 '공허한 고립'에서 '자신과 깊이 만나는 순간'으로 전환한다. 그가 말한 고독은 세상을 거부하는 태도가 아니라, 나를 온전히 바라보고 이해할 수 있는 거리를 확보하는 행위다. 이 고독은 내면과 연결되기 위해 필요한 선택이다. 그렇다면 우리는 어떻게 이 철학을 일상에서 실천할 수 있을까?

첫째, 나만의 '뒷방'을 마련하자. 몽테뉴는 "칩거란 세계 속에 또 하나의 세계가 있는 것과 같다"라고 했다. 바깥세상과 끊임없이 연결된 삶에서 한 걸음 물러나, 아무도 방해할 수 없는 나만의 공간을 만드는 것이다. 스마트폰 알림과 외부의 소음을 잠시 끄고, 그곳에서 오롯이 나와 마주하라. 그 공간이 내면과의 대화를 이어가는 은밀한 통로가 된다.

둘째, 혼자 있는 시간을 두려워하지 말자. 세상과 잠시 단절되어도 내 삶은 무너지지 않는다. 오히려 그 고요 속에서 우리는 잊고 지냈던 평온을 되찾을 수 있다. 처음에는 어색하고 불안할지라도 그 시간을 수용하고 조금씩 늘려가다 보면 혼자 있는 시간이 삶의 중심을 지탱해 주는 힘이 된다.

셋째, 자신과 대화하는 법을 배우자. 아무리 좋은 공간을 마련해도 그 안에서 멍하니 시간을 흘려보낸다면 의미는 사라진다. 자신에게 질문을 던지고, 그 답을 찾으려는 노력을 시작해 보자. 오늘 내가 느낀 감정은 무엇이었는지, 무엇이 나를 흔들었는지, 무엇이 나를 지탱했는지를 묻는 것이다. 그 과정에서 혼자 있는 시간은 공허가 아니라 나를 깊이 이해하는 순간으로 변한다.

넷째, 글쓰기를 통해 생각과 마음을 정리하자. 몽테뉴가 글을 쓰며 자신과 삶의 본질을 탐구했듯, 우리도 글로 기록해 보자. 짧은 메모 한 줄이라도 괜찮다. 글로 쓰면 생각이 또렷해지고 감정이 다듬어진다. 종이 위에 드러난 나의 생각은 다시 나에게 돌아와, 그 시간을 더욱 의미 있게 만든다.

 혼자 있는 시간을 가치 있게 보내려면
몽테뉴

　결국 혼자 있는 시간은 나를 단단하게 만드는 훈련장이자 삶을 정돈하는 서재다. 몽테뉴처럼 고요 속에서 나를 만나고, 그 만남을 통해 세상 속 나의 자리를 다시 세워보자. 혼자만의 시간은 도피가 아니라 더 인간답게 살아가기 위한 시작점이 될 수 있다.

<h1 style="text-align:center">오늘을 바꾸는 철학 한 줄</h1>

- 이 세상에서 가장 중요한 것은 '어떻게 하면 내가 나다워질 수 있는가'를 아는 것이다.

- 세상이 그대에 대해 무슨 말을 하는지보다, 그대가 자신에게 어떤 이야기를 건네는지에 더 귀 기울여야 한다.

- 자기 내면에서 무슨 생각을 품고 있는지는 오직 자기 자신만이 안다.

- 우리는 현재를 온전히 살지 못한 채, 늘 그 너머를 향해 시선을 보낸다.

- 운명은 우리를 행복하게도, 불행하게도 만들지 않는다. 다만 우리 영혼에 재료와 씨앗을 건네어, 강해진 영혼이 원하는 길로 나아가고 실행할 수 있도록 할 뿐이다.

<h2 style="text-align:center">나만의 깨달음 한 줄</h2>

혼자 있는 시간을 가치 있게 보내려면
몽테뉴

감정의 소용돌이 속에서
평정을 찾으려면

> "감정을 없애려 애쓰지 말고, 왜 그런 감정을 느끼는지 이해해 보길. 그 순간부터 당신은 감정의 주인이 되고, 삶은 훨씬 자유로워질 것이다."

보이지 않는 힘, 감정

삶은 보이지 않는 힘에 의해 움직인다. 예기치 않게 치밀어 오르는 분노, 원인을 알 수 없는 슬픔, 순간적으로 스쳐 가는 기쁨, 깊은 불안 등은 우리의 의식과 행동에 강력한 영향을 미친다. 감정은 눈에 보이지 않지만, 삶의 모든 순간에 깊이 관여하며 때로는 방향을 잃게 만들고 때로는 예기치 못한 길로 이끌기도 한다.

그러나 사람들은 감정을 이해하기보다는 억누르거나 외면하려고 한다. 이런 회피적 태도는 대개 일시적인 해결에

1장
마음이 흔들릴 때, 철학이 말해준 것

그친다. 해결되지 않은 감정은 압박과 혼란으로 쌓여 삶 전체를 흔들 수 있다.

이러한 혼란을 다스리는 방법을 찾고자 한다면 스피노자를 만나자. 그는 감정을 부정하는 대신 그 원인을 이해하고 이성을 통해 다스림으로써 내적 평온과 자유를 얻는 길을 제시하기 때문이다.

스피노자의 감정 철학과 내적 평화의 길

바뤼흐 스피노자는 1632년, 포르투갈에서 박해를 피해 네덜란드로 이주한 유대인 가정에서 태어났다. 그의 가족은 유대교 공동체 내에서 신앙심 깊은 상인으로 존경받았다. 아버지는 그가 랍비가 되기를 바랐다. 그러나 스피노자는 전통적 신앙보다 철학과 이성을 통한 진리 탐구에 더 큰 열정을 품었다.

그러다 전통적인 유대 교리를 비판하고 독자적인 철학적 견해를 주장하면서 유대 공동체로부터 파문을 당하게 되었다. 파문의 과정은 비참하고 가혹했다. 협박과 회유가 반복되었으며 습격과 신변의 위협까지 받았다. 그러나 스피노

감정의 소용돌이 속에서 평정을 찾으려면
스피노자

자는 자신을 저주하고 추방한 사람들에게 적개심을 품지 않았다. 오히려 그들의 행동을 이해하려고 노력하며, 감정적 분노 대신 이성적 성찰을 선택했다.

"나는 인간들의 행위에 웃거나 울지 않으며 증오하지도 않는다. 다만 이해하려고 노력할 뿐이다."

스피노자는 감정의 소용돌이 속에서도 차분함을 잃지 않았다. 누군가를 증오하거나 자신을 비하하지 않고 그저 자기 삶과 타인의 행동을 이해하려고 했다.

"슬퍼하지도 조롱하지도 마라. 분노를 키우지도 마라. 그저 이해하라."

"이해하려는 노력은 미덕의 처음이자 전부다."

그가 감정을 이해하려 했던 이유는 모든 감정은 인간이 세계와 상호작용하는 방식에서 필연적으로 발생한다고 보았기 때문이다. 스피노자는 인간의 행동이 이성보다는 감정에 의해 종종 지배된다고 지적하며 감정적 혼란에서 벗어나는 길을 제시했다. 그러면서 '능동적 감정affection'과 '수동적 감정passion'을 구분하여 인간이 자신의 감정을 통제하는 방법을 철학적으로 탐구했다.

1장
마음이 흔들릴 때, 철학이 말해준 것

수동적 감정은 외부 자극에 의해 자동으로 발생하는 반응을 의미한다. 스피노자는 외부 세계에 의존할수록 이러한 감정이 강화된다고 보았다. 분노, 슬픔, 질투, 공포와 같은 수동적 감정은 이성적 판단을 흐리게 하며 때로는 삶을 방해하는 주요 원인이 된다.

외부 자극이나 사건이 우리의 감정을 결정짓는 순간 우리는 감정의 지배를 받게 된다. 예를 들어, 누군가의 말에 쉽게 화를 내거나 예기치 않은 사건에 불안감을 느끼는 것은 수동적 감정에 사로잡힌 상태다.

스피노자는 이러한 상태에서 벗어나기 위해 감정의 근원을 파악하고 그 원인을 올바르게 이해해야 한다고 주장했다. 그는 감정을 억누르거나 회피하는 대신, 그 본질과 작동 방식을 이성적으로 성찰해야 감정의 노예에서 벗어날 수 있다고 강조했다.

스피노자는 자신의 감정을 아는 것은 곧 자신을 아는 것이라고 말한다. 그는 감정을 억누르거나 회피하는 대신, 그 원인을 탐구하고 이해하는 태도가 필요하다고 역설했다. 분노가 일어났을 때 그것을 단순히 억제하는 것이 아니라, '왜

 감정의 소용돌이 속에서 평정을 찾으려면
스피노자

나는 지금 분노하는가?'라는 이성적 질문을 던져야 한다는 것이다. 이러한 성찰적 태도는 인간을 감정에 무의식적으로 반응하는 존재에서 감정을 주체적으로 다루는 존재로 변화시킨다.

스피노자는 감정을 제거할 수는 없지만 이해하고 통제함으로써 더 이상 감정의 노예가 될 필요는 없다고 주장했다. 그는 이렇게 말했다.

"자신은 할 수 없다고 생각하는 동안은 그것을 하기 싫다고 다짐하고 있는 것이다. 그러므로 그것은 실행되지 않는다."

감정을 주체적으로 다루지 못하는 사람은 결국 자신의 삶을 통제하지 못하는 상태에 빠진다. 스피노자는 이를 가리켜 "자기 감정의 먹잇감이 되는 사람은 자신의 주인이 아니다"라고 단언했다. 그에게 자신을 통제하지 못하는 상태는 곧 자유의 상실을 의미했다.

능동적 감정은 이성을 통해 스스로 인식하고 선택한 감정을 의미한다. 기쁨, 감사, 용서, 사랑과 같은 감정들은 외부 상황이나 타인의 행동에 휘둘리지 않고 이성적 이해와 자발적 선택을 바탕으로 형성된다. 이러한 능동적 감정은

1장
마음이 흔들릴 때, 철학이 말해준 것

내적 성장과 평정을 촉진하며 인간이 삶의 주체로서 자신의 행동과 반응을 적극적으로 조절할 수 있게 만든다.

스피노자는 이러한 능동적 감정을 통해 인간이 수동적 감정의 속박에서 벗어나 진정한 자유와 행복을 누릴 수 있다고 보았다. 그는 이를 '지복beatitudo', 즉 최고의 내적 평온과 완전한 상태로 정의했다. 이성적 성찰을 통한 감정의 다스림이야말로 인간의 궁극적 목표이자 삶의 완성이라고 역설한 것이다.

스피노자는 인간이 감정의 노예로 살아가는 것을 가장 큰 불행으로 여겼지만, 감정을 부정하거나 억제하라고 말하지 않았다. 감정은 인간 삶의 본질적인 일부이므로 이를 억누르기보다는 원인을 이성적으로 인식하고 이해하려는 노력이 필요하다는 것이다. 그럴 때 인간은 감정의 지배에서 벗어나 자유롭고 평온한 삶을 영위할 수 있다고 보았다.

"우리가 두려워하는 것은 이해하지 못하는 것이다. 이해하는 순간, 두려움은 사라진다."

그러니 현재의 감정을 이해하라. 감정은 피할 수 없는 삶의 일부지만, 관리하고 초월할 수 있는 능력도 우리 안에

감정의 소용돌이 속에서 평정을 찾으려면
스피노자

존재한다. 그럴 때 우리는 감정의 소용돌이 속에서도 내적 평화를 누릴 수 있다.

감정의 주인이 되는 순간, 삶이 달라진다

스피노자의 철학은 감정을 억누르는 대신 그 본질을 이해하고 다루는 길을 제시한다. 그는 모든 감정이 세계와의 상호작용 속에서 필연적으로 발생한다고 보았다. 그렇기에 감정은 없앨 수는 없지만, 인식하고 통제함으로써 지배받지 않을 수 있다. 이를 위해 가장 먼저 필요한 것은 감정을 있는 그대로 바라보는 것이다. 분노든 두려움이든, 그 감정을 느끼고 있다는 사실을 인정하는 순간부터 다스림이 시작된다.

감정이 일어났다면 그 원인을 추적해 보자. '왜 지금 이런 감정을 느끼는가'를 질문하며 내적·외적 요인을 분석하는 것이다. 이렇게 원인을 이해하면 감정과의 거리가 생긴다. 관찰자의 시선으로 자신을 바라볼 때, 무의식적 반응 대신 이성적 선택이 가능해진다. 강렬한 감정이 올라올 때는 즉시 반응하기보다 잠시 멈추어 심호흡하거나 시간을 두는 습관도 유익하다.

1장
마음이 혼들릴 때, 철학이 말해준 것

스피노자가 "감정은 다른 감정에 의해서만 정복된다"라고 했듯이, 부정적 감정을 억누르기보다 이성적으로 해석해 긍정적 감정으로 전환하는 것이 핵심이다. 이를 위해서는 평소에 삶을 긍정적으로 바라보는 해석의 습관이 필요하다. 작은 고마움, 순간적인 기쁨, 사소한 성취를 발견하고 기록하는 연습이 그 기반이 된다.

또한 감정을 언어로 명확히 표현하는 것은 감정 관리의 강력한 도구다. 막연한 불쾌감도 "나는 무시당했다고 느껴 화가 났다"라고 구체화하면, 감정은 더 이상 나를 흔드는 모호한 힘이 아니라 다룰 수 있는 문제로 바뀐다. 명명된 감정은 이미 절반은 다스려진 것이다.

감정을 다스린다는 것은 억압이나 회피가 아니라, '이해를 통한 자유'에 이르는 과정이다. 외부 사건은 바꿀 수 없지만, 그 사건이 내 안에서 어떻게 해석되고 어떤 반응으로 이어질지는 내가 선택할 수 있다. 이 선택의 힘을 손에 쥐는 순간, 우리는 더 이상 감정의 노예가 아닌 삶의 주인이 된다. 그때 비로소 스피노자가 말한 내적 평정과 자유, 그리고 흔들리지 않는 자기 자신을 만나게 된다.

감정의 소용돌이 속에서 평정을 찾으려면
스피노자

오늘을 바꾸는 철학 한 줄

- 당신이 자신과 자신의 감정을 더 명확하게 이해할수록, 당신은 있는 그대로의 삶과 세상을 더욱 사랑하게 된다.

- 고통스러운 감정은 그것을 명확하고 정확하게 바라보는 순간, 더 이상 우리를 해치지 못한다.

- 인간이 할 수 있는 가장 고귀한 행위는 배우는 것이다. 배우는 이유는 이해하기 위함이고, 이해는 곧 자유를 주기 때문이다.

- 평화란 단순히 전쟁이 없는 상태가 아니라, 마음이 고요히 머무는 상태다.

- 현재가 과거와 다르길 바란다면, 먼저 과거를 깊이 이해하라.

나만의 깨달음 한 줄

1장

마음이 흔들릴 때, 철학이 말해준 것

"욕망이 올라올 땐 잠시 멈춰 물어봅시다. 당신에게 정말 필요한 건지, 없어도 행복할 수 있는 건지를. 남과 비교하지 말고, 오래 가는 기쁨을 선택하도록. 그때 비로소 당신의 마음은 고요해지고, 삶은 한결 가벼워질 겁니다."

욕망과 평온의 관계

욕망은 동전의 양면과 같다. 삶에 동기를 부여해 성취의 기쁨을 맛보도록 이끌기도 하지만, 동시에 끝없는 갈증과 불안을 낳기도 하기 때문이다. 무언가를 간절히 원하고 그것을 성취했을 때의 기쁨은 강렬하다. 하지만 그 기쁨은 종종 일시적일 때가 많다. 곧 새로운 욕망이 그 자리를 대신하기에 그렇다. 욕망은 이처럼 무한히 반복되며 삶의 끝까지 같이 경주한다.

그래서 욕망을 다스리는 법을 알아야 한다. 욕망이 적절히 통제되고 현실적인 목표와 연결될 때는 성취와 성장의 원동력이 된다. 하지만 욕망이 과도하거나 통제되지 않을 때는 마음을 소모하고 삶의 고통을 일으킨다.

욕망을 어떻게 인식하고 다스려야 할지 모르겠다면 에피쿠로스를 만나보자. 그는 욕망을 분별하고 절제함으로써 진정한 평온과 행복에 이르는 길을 철학적으로 제시했다.

욕망을 다스리고 평온을 찾는 길

에피쿠로스는 기원전 341년경 아테네의 식민지 사모스 섬에서 태어났다. 그의 어린 시절에 대한 기록은 남아 있지 않아 어떤 삶을 살았는지 구체적으로 알 수 없다. 에픽테토스는 그를 "방탕한 사람"이라고 묘사했지만, 에피쿠로스의 제자들은 그의 절제된 삶을 높이 평가했다. 한 제자는 "에피쿠로스의 삶은 그 온건함과 자족적인 특성 때문에 마치 꾸며낸 이야기처럼 보일 정도다"라고 언급했다.

에피쿠로스는 열네 살에 철학에 관심을 가지게 되었고 평생 철학에 대한 열정을 잃지 않았다. 그러나 다른 철학자들과는 달리 그에게는 특별히 따라 배울 만한 스승이 없었

1장
마음이 흔들릴 때, 철학이 말해준 것

던 것으로 보인다. 이러한 배경 때문인지 그는 "나의 스승은 바로 나 자신이다"라고 말하며 자신을 철학적 길잡이로 삼았다.

에피쿠로스를 평가하는 주장은 상반된다. 하지만 그가 행복을 삶의 본질로 여겼다는 점에서는 공통된 의견이 있다. 에피쿠로스는 행복을 단순히 외부 조건이나 물질적 성취에서 찾지 않았다. 대신 쾌락을 행복의 핵심으로 보았다. 그가 생각하는 쾌락은 감각적 즐거움이 아니라 고통과 불안을 피하고 평온하고 자족적인 상태에 도달하는 것을 의미했다. 그는 이를 '아타락시아ataraxia', 즉 '마음의 평정 상태'라고 불렀다.

그는 쾌락을 단순한 육체적 즐거움이 아니라 고통(육체적 고통과 정신적 고통)이 없는 상태로 정의했다. 육체적 고통이 사라지고 마음이 고요할 때 진정한 행복에 도달할 수 있다고 여기며 이렇게 말했다.

"내가 말하는 쾌락은 몸의 고통이나 마음의 혼란으로부터의 자유이다", "어떠한 쾌락도 그 자체는 나쁘지 않다. 그러나 많은 경우에 그 수단이 악의 씨앗이 된다. 쾌락은 즐거운 것

 욕망을 다스리며 평온을 얻고 싶다면
에피쿠로스

에피쿠로스는 쾌락을 세 가지로 나누어 제시했다.

첫째는 ‘자연적이고 필수적인 쾌락’이다. 인간이 생존하고 행복을 유지하기 위해 반드시 충족해야 하는 욕구를 포함한다. 음식, 물, 휴식, 건강 등이다. 이러한 욕구는 최소한의 충족만으로도 만족감을 줄 수 있다.

둘째는 ‘자연적이지만 필수적이지 않은 쾌락’이다. 필수는 아니지만 자연스럽게 생겨나는 욕구를 의미한다. 맛있는 음식, 아름다운 환경, 문화적 향유 등이 포함된다. 이러한 욕구는 충족되면 기쁨을 줄 수 있지만 과도하게 추구하거나 집착하면 오히려 고통과 불안을 초래할 수 있다.

셋째는 ‘자연적이지도 않고 필수적이지도 않은 쾌락’이다. 이 욕구는 인간이 본능적으로나 본질적으로 필요하지 않은 욕망을 말한다. 권력, 명예, 부, 사치와 같은 것들이다. 에피쿠로스는 이러한 욕구를 경계해야 한다고 강조했다. 이것들은 결코 완전히 충족될 수 없으며 끝없는 욕망과 불안을 초래할 뿐이라고 보았다. 에피쿠로스가 쾌락을 대하는 자세는 한 문장으로 정리하면 이렇다.

"즐거움 자체가 나쁜 것은 없지만 즐기는 방법에 따라서
는 기쁨보다 고통이 더 따를 수 있다."

에피쿠로스는 삶의 고통이 따르는 것은 '자연적이지만
필수적이지 않은 쾌락'과 '자연적이지도 않고 필수적이지도
않은 쾌락'을 과도하게 추구할 때 생긴다고 보았다. 가장 맛
있는 음식은 배가 고플 때 먹는 음식이라고 하지 않는가. 하
지만 배고픔의 욕구 충족을 넘어 더 맛있는 음식을 바라기
시작하면 그 욕망은 끝없이 확장될 수 있다. 단순히 허기를
채우는 기쁨 대신 더 자극적이고 더 고급스러운 맛을 추구
하다 보면 만족의 기준은 점점 높아지고 결국 채워지지 않
는 갈증과 불만족이 쌓이게 된다. 권력, 명예, 부와 같은 욕
망은 갈증을 더 심화시킨다. 이런 욕망은 완전히 충족될 수
없기에 자신과 멀어지게 해야 한다고 그는 강조했다.

에피쿠로스는 내적 평온과 행복은 자족하는 삶에 있다
고 보며 이렇게 말했다.

"누군가를 행복하게 해주고 싶다면 그의 재산을 늘려주는
것보다 그의 욕망을 줄여주는 것이 더 낫다."

에피쿠로스는 행복은 욕망을 충족시키는 데서 오는 것

 욕망을 다스리며 평온을 얻고 싶다면
에피쿠로스

이 아니라, 욕망을 줄이고 자족할 때 얻어진다고 보았다. 재산이나 외부의 조건을 늘리기보다 욕망을 다스리고 단순한 삶 속에서 만족을 찾는 것이 진정한 행복의 핵심이라는 것이다.

남들의 시선을 지나치게 의식하며 사는 삶은 결국 자신을 잃어버리게 만든다. 내면의 평온과 행복도 점점 멀어질 수밖에 없다. 그러니 남의 시선에서 벗어나 자신만의 기준으로 살아가자. 불필요한 욕망을 내려놓고 내면의 평온과 자족을 발견해 보자. 그것이야말로 에피쿠로스가 전하는 행복의 길이다.

에피쿠로스의 철학으로 내면의 평화를 찾는 법

에피쿠로스는 욕망을 무조건 멀리하라고 하지 않았다. 그는 욕망 속에도 삶을 풍요롭게 하는 힘이 있다고 보았다. 다만, 그 힘이 나를 지탱하는 에너지가 될지, 아니면 나를 소모하게 하는 짐이 될지는 분별에 달려 있다고 조언한다.

그러니 새로운 욕망이 꿈틀거릴 때는 잠시 멈춰 자신에게 물어보자. "이것은 내 삶에 꼭 필요한가?", "이것이 없어

1장
마음이 흔들릴 때, 철학이 말해준 것

도 나는 행복할 수 있는가?" 그 답을 통해 필요한 것은 받아들이고, 불필요한 것은 놓아줄 수 있다.

그는 쾌락의 양면성도 지적했다. 쾌락은 삶을 즐겁게 하지만, 지나친 탐닉은 고통을 남긴다는 것이다. 그래서 지금의 즐거움이 순간적인 자극인지, 아니면 오래도록 이로운 경험인지 점검해 봐야 한다. 후회나 공허함이 뒤따른다면 멀리하는 것이 좋다.

에피쿠로스가 특히 소중히 여긴 것은 육체적 자극보다 지적인 기쁨이었다. 독서, 사유, 배움, 창작에서 오는 만족은 오래 지속되고, 삶을 깊게 만든다. 이런 기쁨은 소유보다 경험에서 비롯되어 마음을 채우고 삶의 질을 높인다. 그러니 오늘 지적인 호기심을 따라 한 걸음만이라도 나아가 보자. 책 한 페이지를 읽거나, 새로운 생각을 적어보고, 오래 미뤄둔 대화를 나누는 것만으로도 마음은 조금 더 평온하고 충만해질 수 있다.

그는 타인과의 비교가 마음을 불안하게 하는 가장 빠른 길임을 알았다. 비교는 우리를 남의 기준에 맞춰 살게 하고, 경쟁과 열등감 속에 밀어 넣는다. 남이 가진 것을 부러워하

욕망을 다스리며 평온을 얻고 싶다면
에피쿠로스

기보다 내가 이미 가진 것과 누리는 것을 바라볼 때 마음은 단순해지고 자족이 자리 잡는다.

에피쿠로스가 말한 평온은 욕망을 줄이고 단순함 속에서 만족을 배우는 데서 온다. 불필요한 욕망을 내려놓고, 지속 가능한 기쁨을 선택하며, 내 삶의 기준을 세울 때 우리는 외부의 소음에 흔들리지 않는다. 그 순간 마음은 고요해지고 삶은 더 자유로워진다.

<h1 style="text-align:center">오늘을 바꾸는 철학 한 줄</h1>

- 가지지 못한 것에 대한 욕망으로, 지금 가진 것을 흐트러뜨리지 마라.

- 아무리 많은 것을 소유하더라도 만족할 줄 모르고 더 많은 것을 갈망한다면 그 삶은 불행하다.

- 삶의 기쁨을 온전히 누리려면 '적당함'의 지혜를 알아야 한다.

- 어리석은 이는 과거의 고통을 붙잡고 자신을 괴롭히지만, 현명한 이는 과거의 축복을 떠올리며 감사와 기쁨을 느낀다.

- 마음이 평안한 사람은 자기 자신도, 다른 사람도 해치지 않는다.

<h2 style="text-align:center">나만의 깨달음 한 줄</h2>

 욕망을 다스리며 평온을 얻고 싶다면
에피쿠로스

2장

삶의 이유를 묻는 순간,
철학이 들려준 답

"어떤 상황이든 의미를 정하는 건 당신의
몫이다. 고통 속에서도 이유를 찾으면,
그 고통이 당신을 지배하지 못한다. 곁의
사람들, 함께한 추억, 사소한 기쁨들이
그 이유를 밝혀줄 것이다."

왜 살아야 하는지 의문이 든다면

살다 보면 문득 자신을 잃어버린 것 같은 기분이 들 때가 있다. 눈앞에 펼쳐진 풍경은 변함없지만 마음은 점점 깊은 곳으로 가라앉는 듯한 느낌. 해야 할 일들은 끝없이 쌓여 있고 목표를 향해 달려가고 있는데 그 끝에 무엇이 있을지 모른다는 불안감이 스며든다. 때로는 삶의 고통에 짓눌리며 언제까지 이를 견뎌야 할지 몰라 괴로움에 사로잡히기도 한다.

"왜 살아가는 걸까? 무엇 때문에 이렇게 치열하게 살아야 하는가? 이 삶의 의미는 무엇일까?"

이런 의문이 마음 깊이 스며들면 삶은 때때로 우리를 멈춰 세운다. 절대 가볍지 않은 질문들이기에 때로는 그 무게에 짓눌려 주저앉고 싶어질 때도 있다. 하지만 바로 그 순간이 삶의 본질을 마주하고 자신에게 가장 중요한 답을 찾아가는 출발점이 될 수 있다.

이런 순간을 마주하고 있다면, 빅터 프랭클이 좋은 답을 줄 수 있다. 그는 삶의 고통과 혼란 속에서도 의미를 찾아가는 길을 제시하는 철학자이자 심리학자이다. 그의 이야기는 절망을 극복하고 삶의 중심을 되찾는 데 강력한 영감을 줄 것이다.

빅터 프랭클, 고통 속에서 길을 찾다

빅터 프랭클은 1905년 오스트리아 빈에서 태어나 의학을 전공하며 인간 정신의 본질을 깊이 탐구했다. 정신과 의사로서 수많은 환자를 만나며 삶과 고통, 의미에 대해 사유하던 그는 제2차 세계대전 발발과 함께 비극의 소용돌이에 휘말렸다. 유대인이라는 이유만으로 악명 높은 아우슈비츠 강제수용소에 갇힌 것이다.

삶의 의미를 찾고 싶다면
빅터 프랭클

그곳에서 그는 인간이 상상할 수 없는 고통과 죽음의 공포를 매일 마주했다. 그러나 절망 속에서도 그는 살아남기로 결심했다. 유리병 조각으로 면도하며 자신을 단정히 유지한 것도, 인간다움을 지키고 삶의 의지를 불태우기 위함이었다. 그에게는 반드시 살아남아, 수용소에서 겪은 참상과 '고통 속에서 의미를 찾는 법'을 세상에 전해야 한다는 사명이 있었다.

결국 그는 기적처럼 생환했다. 그리고 그 경험을 바탕으로 '의미 치료'를 정립했다. 그 철학과 생존의 기록을 《죽음의 수용소에서》에 담아, 전 세계 독자들에게 절망 속에서도 삶의 이유를 발견할 수 있다는 메시지를 전했다.

프랭클의 의미 치료는 단순한 심리 요법이 아니라 극한 상황에서도 인간이 삶의 이유를 발견하고 존엄을 지킬 수 있게 하는 철학이었다. 그는 고통을 피할 수 없는 삶의 일부로 받아들였다. 그리고 그 안에서 의미를 찾는 것이 인간을 더욱 강하게 만든다고 보았다. 아무리 미약한 의지라도 그것이 삶을 지탱하는 등불이 될 수 있다고 믿은 것이다.

그는 크고 작은 고통을 겪는 환자들에게 "그런데 왜 자

2장
삶의 이유를 묻는 순간, 철학이 들려준 답

살하지 않습니까?"라는 다소 충격적인 질문을 던졌다. 이를 통해 환자들의 내면에서 여전히 붙잡고 있는 삶의 이유를 발견하도록 이끌기 위해서였다. 어떤 이는 사랑하는 아이들 때문에, 미완의 작품을 완성하기 위해, 또는 지나온 추억에 대한 미련 때문에 살아간다고 답했다. 프랭클은 이런 조각난 삶의 가느다란 실마리가 결국 삶의 의미를 만들어내고 삶에 대한 책임감을 형성한다고 보았다.

프랭클이 강조한 또 하나의 중요한 개념은 '태도의 자유'였다. 그는 어떤 절망적인 상황에서도 인간에게 남아 있는 마지막 자유는 '자신의 태도를 선택할 자유'라고 보았다. 죽음의 수용소에서도 그는 이 자유를 지켰다.

"모든 것을 빼앗길지라도, 인간에게 남겨진 마지막 자유는 주어진 상황에 대한 태도를 선택하는 자유이다."

그는 고통 속에서 절망에 무릎 꿇을 것인가, 아니면 그 안에서 새로운 의미를 찾을 것인가는 오롯이 자신의 선택에 달려 있음을 깨달았다.

프랭클은 삶의 의미를 찾는 세 가지 길을 제시했다.

첫째, 창조적 활동을 통해 이루어지는 의미 발견이다.

삶의 의미를 찾고 싶다면
빅터 프랭클

일이나 창작, 봉사를 통해 성취감을 느낄 때 인간은 자신의 존재 가치를 느낀다는 것이다.

둘째, 경험과 사랑을 통한 의미 발견이다. 사람을 만나면서 얻는 의미를 말한다. 특히 사랑이라는 깊이 있는 경험을 통해 삶의 의미를 찾을 수 있다고 프랭클은 보았다. 사랑의 감정이 극한의 상황에서도 타인을 위해 헌신하게 만들고 고통도 견뎌낼 수 있다는 것이다. 그도 수용소에서 사랑하는 이들을 떠올리며 죽음의 공포를 견뎌낼 수 있었다.

셋째, 고통을 통한 의미 발견이다. 인간은 때때로 피할 수 없는 고통을 마주하게 된다. 이런 고통 앞에서도 의미를 발견할 수 있다는 것이 프랭클의 핵심 메시지이다. 눈앞의 고통을 용감하게 받아들이고 새로운 관점을 가질 때 한 단계 성장하고 깊은 삶의 의미를 발견하게 된다는 것이다.

프랭클의 철학은 "왜 살아야 하는가"라는 질문에 답을 찾게 하고, 절망 속에서도 자신을 잃지 않도록 이끈다. 삶이 우리에게 던지는 고난을 의미로 바꾸는 힘, 그것이 바로 의미 치료의 본질이다.

절망 속에서도 삶의 이유를 찾는 법

프랭클이 전하는 메시지는 명확하다. 삶의 의미는 외부에서 주어지는 것이 아니라, 우리가 스스로 발견하고 선택해야 한다는 것이다. 첫걸음은 상황에 대한 해석을 선택할 자유를 깨닫는 것이다. 아무리 절망적인 순간이라도 그 상황을 어떻게 받아들일지는 전적으로 우리의 몫이다. 같은 사건도 어떤 시선으로 바라보느냐에 따라 마음의 무게가 달라지고, 결국 다른 길이 보인다.

둘째, 자기 삶에 대한 책임을 기꺼이 받아들이는 태도도 필요하다. 원치 않는 고통이 찾아와도 그 속에서 내가 해야 할 역할과 맡은 일을 다하는 과정에서 의미가 드러난다. 회피는 잠시 마음을 가볍게 할 수는 있지만, 끝내 우리를 공허하게 만든다. 반면 책임은 삶을 단단하게 만든다.

셋째, 고통의 의미를 찾는 시도를 멈추지 말자. 프랭클은 "고통은 그 의미를 찾는 순간 더 이상 고통이 아니다"라고 했다. 우리가 겪는 상처와 시련도 성장의 재료가 될 수 있다. 고통을 무의미한 짐이 아니라 삶을 깊게 만드는 계기로 바라볼 때, 우리는 더 성숙한 사람이 된다.

 삶의 의미를 찾고 싶다면
빅터 프랭클

넷째, 타인과의 관계 속에서 의미를 발견하자. 작은 친절, 누군가를 위한 봉사, 사랑하는 사람들과의 대화와 추억은 오늘을 버티게 하고 내일을 살아가게 한다. 소중한 사람과 나눈 한 끼 식사, 함께 웃었던 순간, 그리운 기억 속 장면들이 다시 우리를 붙잡아 준다.

그러니 삶의 의미가 흐릿해질 때는 마음속 작은 불씨를 지켜라. 그 불씨는 처음에는 희미해 보일지라도, 계속 걸음을 옮기다 보면 언젠가 당신 마음 깊은 곳에서 '살아야 할 이유'로 타오를 것이다. 그 이유가 곧 삶을 지탱하는 가장 든든한 힘이 된다.

오늘을 바꾸는 철학 한 줄

- 자극과 반응 사이에는 잠시 숨 고를 수 있는 공간이 있다. 그 짧은 공간에서 어떤 선택을 하느냐가 우리의 삶의 질을 결정한다.

- 인생에서 원하는 결과를 가로막는 가장 큰 장애물은 외부가 아니라, 바로 내 안에서 만들어지는 생각이다.

- 의미 없는 고통은 없다. 모든 인생의 의미는 외부가 아닌 나 자신에게서 시작되기 때문이다.

- 삶이 스스로 의미 있는지 묻는 대신, 매 순간 내가 그 의미를 부여하는 주인이 되어야 한다.

- 사랑하는 사람의 이름을 불러보라. 그 순간, 예상치 못한 힘이 마음 깊은 곳에서 샘솟을 것이다.

나만의 깨달음 한 줄

 삶의 의미를 찾고 싶다면
빅터 프랭클

삶에서 정말 중요한 것을 알고 싶다면

솔로몬

"더 멀리 가지 않아도 괜찮다네. 오늘 눈앞의 작은 기쁨을 놓치지 말게. 지혜를 구하고, 때를 기다리며, 욕심을 줄이면 마음에 오래 남는 평화를 얻게 될 걸세. 삶은 쫓는 게 아니라 오늘을 깊이 느끼는 것이니 말이네."

쫓기듯이 살아가는 우리들

무엇에 쫓기듯이 오늘을 사는 사람이 많다. 목적지를 향해 쉼 없이 달려가는 기관차처럼 하루하루를 성취해야 할 일로 가득 채운다. 거칠고 불확실한 현실 속에서 살아남는 길은 전진뿐이라며 내달린다. 더 나은 직업, 더 나은 학군, 더 많은 돈, 더 높은 지위에 시선을 두며 나아간다.

그럼에도 마음 한구석에는 채워지지 않는 공허함이 스며든다. 자신이 그토록 갈망한 것들이 손에 닿을 듯 가까워졌을 때조차 그 안에서 참된 만족을 얻지 못한 경우가 많다.

목표를 향해 달리고 있을 때는 정말 중요한 것을 놓칠 때가 많다. 그러다 보니 삶에서 진짜 중요한 것을 우리는 너무 늦게 깨닫는다. 인생의 마지막 지점에서야 비로소 삶의 본질을 마주한다. 살면서 추구해야 할 것이 외적인 성취가 아니라는 것을.

이런 삶의 성찰이 궁금하다면 솔로몬을 만나면 좋다. 이스라엘의 왕 솔로몬은 현대인이 바라는 모든 것을 가졌다. 많은 부와 권력, 전무후무한 지혜까지. 하지만 삶의 끝에서 마주한 것은 인간의 유한성과 삶의 덧없음이었다. 그가《잠언》과《전도서》에 남긴 메시지는 우리가 잊고 있는 정말 중요한 것들을 일깨워 준다.

원하는 것을 얻은 뒤에 마주하는 삶의 본질

솔로몬은 이스라엘의 3대 왕으로 약 40년 동안(기원전 970~931년) 이스라엘을 통치했다. 솔로몬은 젊은 시절 하나님께 일천 번제燔祭를 드렸다. 그러자 여호와는 솔로몬에게 무엇을 원하는지 물었다. 솔로몬은 부나 장수나 원수를 물리치는 것을 구하지 않고, 백성들의 송사를 분별할 수 있는 지혜

     삶에서 정말 중요한 것을 알고 싶다면
솔로몬

를 구했다. 이에 여호와는 솔로몬이 구한 지혜뿐만 아니라, 부와 명예까지 함께 주어 인간이 누릴 수 있는 모든 복을 허락했다.

솔로몬은 그 지혜로 이스라엘을 통치했다. 그로 인해 왕국은 평화로웠으며 경제적인 번영도 이루었다. 그가 건설한 예루살렘 성전은 웅장했고 그의 지혜를 배우기 위해 이방 왕국의 지혜로운 자들이 찾아왔다. 하지만 마음은 시간이 지날수록 점차 고갈되어 갔다. 부와 명예, 권력 모두를 손에 쥐었음에도 진정한 평화나 만족이 없었다.

솔로몬은 인생의 끝자락에서야 묵직한 깨달음을 마주한다. 더 이상 채울 것이 없을 만큼 가득 찼을 때 비로소 찾아오는 허무였다. 수많은 여인을 아내로 맞이하고, 호화스러운 궁궐을 지으며, 금과 은을 쌓았지만 그 모든 것이 잠깐의 즐거움에 불과하다는 것을 알게 되었다. 그래서 《전도서》 첫 구절에 이렇게 기록했다.

"헛되고 헛되며 헛되고 헛되니 모든 것이 헛되도다."

그토록 많은 것을 이루었지만 결국 그것은 '바람을 잡으려는 헛된 시도'였음을 고백한 것이다.

솔로몬은 깨달았다. 인생의 궁극적인 의미는 물질적 성취나 권력에서 오지 않는다는 것을. 참된 가치는 하나님과의 관계, 내면의 평화, 그리고 지혜로운 마음에 있었다.《전도서》에 흐르는 그의 메시지는 명확하다. 인간의 모든 노력과 성취가 덧없음을 인정하고 나서야 비로소 진짜 중요한 것을 바라볼 수 있다는 것이다.

솔로몬은《전도서》에서 끊임없이 반복되는 세상의 순환을 이야기한다. 태양은 뜨고 지고, 바람은 불고, 물은 흐르지만 결국 그 모든 것이 다시 제자리로 돌아간다는 것이다. 인간의 삶도 다르지 않다. 아무리 많은 것을 쌓아 올려도 시간이 흐르면 덧없이 사라진다. 그의 이 깨달음은 단순히 허무함을 의미하는 것이 아니다. 그 허무 속에서 우리가 무엇을 찾아야 하는지를 가르쳐주는 진짜 지혜다.

솔로몬은 모든 것을 이루고 난 후 말한다.

"사람이 먹고 마시며, 수고하는 가운데에서 기쁨을 누리는 것보다 더 나은 것은 없다. 이것이야말로 하나님의 선물이다."

삶의 본질은 끊임없는 추격이 아니라, 소박한 일상 속

삶에서 정말 중요한 것을 알고 싶다면
솔로몬

순간의 기쁨을 누리고 현재를 살아가며 자신의 존재를 성찰하는 데 있다. 오늘의 햇빛, 사랑하는 이와의 식사, 땀 흘린 하루 끝의 평온함 같은 작고 단순한 순간이야말로 우리를 지탱하는 보물이다.

우리는 종종 더 멀리, 더 높이 오르려 하다가 지금 내 앞에 있는 선물을 잊는다. 누군가는 아직 오지 않은 미래를 붙잡으려 애쓰고, 또 누군가는 과거에 발목 잡혀 현재를 놓친다. 하지만 솔로몬은 말한다. 인생을 완성하는 힘은 먼 곳에 있지 않다고. 하루의 작은 순간을 감사로 채우고, 내가 가진 관계와 시간을 귀하게 여기는 것, 그 안에 평화가 깃든다고.

삶은 쫓아가는 것이 아니라, 깊이 느끼는 것이다. 멈춰 서서 오늘의 숨결을 느끼고, 그 속에서 감사와 만족을 발견하라. 그 순간 마음은 고요해지고, 삶은 더 깊어질 것이다. 그리고 그 평화는 어떤 부와 명예로도 살 수 없는, 오직 내 마음속에서 길어 올린 참된 보물이다.

삶에서 정말 중요한 것을 발견하는 법

솔로몬의 깨달음은 오늘을 사는 우리에게도 분명한 길을 제

2장
삶의 이유를 묻는 순간, 철학이 들려준 답

시한다. 먼저 지혜를 구해야 한다. 지혜는 단순히 지식을 쌓는 것이 아니다. 그것은 쌓인 지식을 바탕으로 삶을 통찰하고, 상황에 맞는 올바른 선택을 내리는 능력이다. 지혜는 하루아침에 주어지지 않는다. 경험과 성찰 속에서 자라며, 감정과 이성을 조화롭게 다룰 때 깊어진다. 독서와 사색은 그 뿌리를 더 단단하게 해준다. 지혜가 있으면 헛된 길을 오래 걸을 필요가 없다. 솔로몬의 지혜가 여호와에게서 왔듯이, 우리도 마음을 열고 삶을 비추는 빛을 구해야 한다.

둘째, 영원한 것이 무엇인지 생각해 보아야 한다. 지금 내가 추구하는 것들이 과연 얼마나 지속될 수 있는지, 시간이 지나도 여전히 가치 있을지를 깊이 고민하는 것이다. 영원하지 않다고 느껴진다면 시선을 돌려, 영혼을 풍요롭게 하는 변하지 않는 가치를 찾아야 한다. 그리고 그 가치에 집중하며 오늘을 살아가는 것, 그것이 삶을 헛되지 않게 하는 방법이다.

셋째, 모든 일에는 때가 있다는 사실을 기억해야 한다. 인생의 사건과 흐름에는 나름의 시기가 있다. 그러니 조급해하며 억지로 앞당기려 하기보다, 주어진 계절을 받아들이

삶에서 정말 중요한 것을 알고 싶다면
솔로몬

는 법을 배워야 한다. 흐린 날이 길게 이어져도 언젠가는 화창한 날이 찾아온다. 기다림 속에서도 배움이 있으며, 그 시간이 쌓여 삶을 더 깊고 단단하게 만든다.

넷째, 절제를 익혀야 한다. 욕망과 탐욕은 통제되지 않을 때 삶을 무너뜨린다. 원하는 것을 다 쥐려는 마음을 내려놓을 때, 비로소 균형이 회복된다. 절제는 부족함을 만드는 것이 아니라, 진짜 필요한 것에 마음을 모으게 한다.

다섯째, 소중한 사람들과 시간을 보내야 한다. 사랑하는 사람과 나누는 대화, 함께하는 식사, 짧은 산책 한 번이 삶의 의미를 새롭게 한다. 관계 속에서 주고받는 온기야말로 그 어떤 성취보다 오래 남는다.

마지막으로, 내가 추구하는 것의 끝을 바라보는 습관이 필요하다. 목표를 이루었는데도 허무함이 남는다면, 잠시 멈춰서 방향을 다시 점검해야 한다. 지속적인 만족과 내면의 가치를 채우는 것이 무엇인지 찾아야 한다. 우리를 풍요롭게 하는 것은 단지 목표를 이루는 순간이 아니라, 그 과정에서 발견하는 가치와 성장이다.

오늘을 바꾸는 철학 한 줄

- 모든 지킬 만한 것 중에 더욱 네 마음을 지키라 생명의 근원이 이에서 남이니라(잠 4:23)

- 범사에 기한이 있고 천하만사가 다 때가 있나니 날 때가 있고 죽을 때가 있으며 심을 때가 있고 심은 것을 뽑을 때가 있으며 죽일 때가 있고 치료할 때가 있으며 헐 때가 있고 세울 때가 있으며 울 때가 있고 웃을 때가 있으며 슬퍼할 때가 있고 춤출 때가 있으며(전 3:1-3)

- 분을 쉽게 내는 자는 다툼을 일으켜도 노하기를 더디 하는 자는 시비를 그치게 하느니라(잠 15:18)

- 너는 내일 일을 자랑하지 말라 하루 동안에 무슨 일이 일어날는지 네가 알 수 없음이니라(잠 27:1)

- 교만은 패망의 선봉이요 거만한 마음은 넘어짐의 앞잡이니라 (잠 16:18)

나만의 깨달음 한 줄

삶에서 정말 중요한 것을 알고 싶다면
솔로몬

더 깊은 사랑을 하고 싶다면

에리히 프롬

사랑이란 참으로 어렵다

우리는 모두 사랑과 행복을 갈망한다. 고요한 새벽, 눈을 비비며 무거운 몸을 일으켜 세우고, 온갖 스트레스를 견디는 그 너머에는 사랑하는 이의 행복이 있다. 더 깊은 사랑을 나누고 행복한 삶을 위해 자신의 모든 것을 불사른다. 하지만 사랑하며 사는 삶이 결코 쉽지 않다는 것을 깨닫는다.

더 깊은 사랑을 위해 애쓰고 마음을 다해도 서로의 결이 맞지 않아 금이 가고 어긋날 때가 있다. 진심이 전해지길 바라며 온 힘을 쏟았지만, 상대가 그 사랑의 깊이를 느끼지 못

2장
삶의 이유를 묻는 순간, 철학이 들려준 답

했다는 말을 들으면 허무하다. 그간의 노력이 거품처럼 사라지는 듯한 상실감에 마음이 아프다.

사랑으로 마음 아파하고 있다면 에리히 프롬을 만나면 좋다. 프롬은 사랑과 행복의 본질을 깊이 성찰한 철학자이기 때문이다.

사랑은 감정이 아니라 기술이다

에리히 프롬은 1900년에 독일에서 태어났다. 프롬의 아버지는 딸기 상인이었다. 유대 신학자 집안에서 상인이 된 것에 열등감에 시달린 아버지는 프롬이 탈무드 학자가 되기를 바랐다. 프롬도 탈무드 학자가 되고 싶었다. 하지만 부모를 떠나 공부를 하는 것이 싫어 법학을 전공한 것이 계기가 돼 사회심리학자가 되었다. 개방성 결핵으로 스위스에서 요양하다 나치가 정권을 잡자 미국으로 망명했다.

프롬은 《자유로부터 도피》로 주목받았으며 이후 《사랑의 기술》로 사랑과 인간관계에 대한 깊은 통찰을 펼쳤다. 그는 사랑의 기술을 이야기하지만 사랑에는 부침이 심했다. 죽마고우에게 약혼녀를 빼앗기기도 하고, 열한 살 연상의

더 깊은 사랑을 하고 싶다면
에리히 프롬

정신과 의사 프리다 라이히만과 사랑에 빠져 결혼을 하지만 얼마 지나지 않아 파경을 맞는다. 그 후로도 사랑의 아픔을 겪다가 50대에 들어서야 비로소 인생의 동반자 애니스 프리만을 만난다. 그녀와 결혼하고 3년 후에 역작인 《사랑의 기술》을 출판한다. 프롬은 저서를 통해 "삶이 기술인 것과 마찬가지로 사랑도 기술"이라고 강조한다.

프롬은 사랑이 본능적이며 우연한 기회에 찾아오는 감정이 아니라고 말한다. 눈이 번쩍 띄고 후광이 비치는 사람을 만나는 것이 아니라는 것이다. 진짜 사랑은 연습과 훈련이 필요한 기술이며 배워야 하고 가꾸어야 하는 예술이라고 말했다. 그림을 그리고 음악을 연주하다 보면 점점 더 깊이 있는 표현을 할 수 있는 것처럼 사랑 역시 그렇게 심화하고 성숙해 가는 과정이라고 보았다.

사랑하는 마음 하나면 됐지, 굳이 훈련까지 해야 하느냐고 생각하며 사는 사람에게는 의아한 주장일 수 있다. 하지만 살다 보면 마음만으로는 사랑의 감정이 전달되지 않음을 우리는 안다. 또한 사랑하는 사람과 인연을 맺으면 내 마음대로 해도 된다고 착각하는 사람들이 있다. 자녀나 연인을

삶의 이유를 묻는 순간, 철학이 들려준 답

소유의 개념으로 접근하는 것이다. 이런 태도에 프롬은 따끔한 충고를 날린다.

프롬은 사랑을 단순히 감정적 만족이나 상대를 소유하려는 욕망으로 보는 것을 '성숙하지 못한 태도'라고 지적했다. 진정한 사랑은 서로를 이해하고 존중하며, 그 속에서 스스로 성장하는 길을 마련하는 것이라고 말했다. 자기 결핍을 채우기 위한 의존적인 형태로 나타나는 관계는 쉽게 상처받고 갈등으로 치닫는다고 여겼다.

그래서 사랑은 '기대'가 아니라 '그대'라고 하는 것이다. 상대의 존재 자체로 인정하고 사랑하는 것이 진짜 사랑이다. 프롬도 같은 의미의 주장을 한다. 그는 사랑이 상호 간의 자유와 존경 속에서 이루어질 때 비로소 지속 가능하다고 믿었다.

프롬이 강조한 사랑은 '받는 것'이 아니라 '주는 것'이다. 진정한 사랑은 상대방에게 무언가를 주고자 하는 마음에서 시작된다는 것이다. 준다는 의미는 물질적인 것을 넘어선다. 자신의 시간을, 관심을, 그리고 진심을 아낌없이 전하는 것을 뜻한다. 사랑은 나를 희생하는 것이 아니라 상대를 통

더 깊은 사랑을 하고 싶다면
에리히 프롬

해 나 자신을 더 깊이 이해하고 서로의 삶을 충만하게 만드는 경험이다. 깊은 사랑은 '함께 성장하고자 하는 마음'이다.

프롬은 사랑을 위해 보호, 책임, 존경, 지식의 네 가지 요소가 필요하다고 강조했다. '보호'는 사랑하는 사람의 행복과 성장을 바라는 마음에서 비롯되며, 그의 자유를 존중하며 지켜보는 행위이다. '책임'은 상대의 삶과 감정을 함께 지탱하려는 선택적 의무로, 균형 잡힌 관계를 이루는 힘이다. '존경'은 상대방의 고유함을 있는 그대로 인정하고, 그의 자율성을 존중하는 것이다. 마지막으로 '지식'은 상대의 내면을 알아가려는 끊임없는 노력이다. 그의 경험과 관점을 이해하려는 진심이 필요하다는 것이다.

이 네 가지 요소는 서로 유기적으로 연결된다. 보호는 상대방에 대한 배려에서 시작되고, 배려는 책임을 통해 깊어진다. 존경은 그가 가진 고유함을 인정하게 하며, 지식은 상대를 진정으로 이해하려는 태도로 이어진다. 네 가지 요소가 어우러져야 비로소 깊은 사랑이 이루어진다. 사랑은 단순한 감정이 아니라, 배우고 익혀야 할 기술이기 때문이다.

더 깊은 사랑을 원한다면, 사랑을 공부하자. 기술을 익

삶의 이유를 묻는 순간, 철학이 들려준 답

히자. 뜨개질에도 기술이 있듯 사랑에도 높은 차원의 기술이 필요하다. 내 안에 사랑의 기술이 충만할 때 오늘 내가 흘린 수고와 땀이 진정한 빛을 발할 것이다.

프롬이 알려주는 더 깊은 사랑의 기술

프롬은 깊은 사랑이란 감정에 머무르지 않고, 기술로서 익히고 가꾸어야 한다고 말한다. 그 첫걸음은 상대의 고유함을 온전히 인정하는 것이다. 사랑하는 이를 나의 기준이나 기대에 맞추려 하지 않고, 그의 독특한 개성과 생각을 있는 그대로 존중하는 태도다. 지구상에 똑같은 사람이 없듯, 나와 같은 생각을 가진 사람도 없다는 사실을 기억하며 존재 자체를 귀하게 여기는 마음이 필요하다.

사랑은 함께 성장하는 과정이라는 점도 기억하자. 상대가 꿈을 이루고 가능성을 펼칠 수 있도록 격려하고 힘을 보태는 일은 사랑을 깊게 만든다. 서로의 성장을 위한 활동을 함께 시도하다 보면 관계는 더 단단해진다. 그 과정에서 중요한 것은 '자신만의 공간'을 허용하는 일이다. 각자가 온전히 자신에게 집중하고 충전할 시간을 보장할 때, 사랑은 더

더 깊은 사랑을 하고 싶다면
에리히 프롬

오래 지속된다.

자기 성찰 역시 빼놓을 수 없다. 사랑은 상대만 변화시키는 것이 아니라, 나 자신을 돌보고 성장시키는 과정이기도 하다. 스스로 성숙할 때 더 깊은 사랑을 나눌 수 있다. 그리고 무엇보다 관계 속에서 책임을 다하는 자세가 필요하다. 갈등이나 어려움이 생겼을 때 피하지 않고, 상대의 아픔과 기쁨을 함께 나누려는 노력이야말로 진정한 유대를 만든다.

프롬이 말한 네 가지 요소(보호, 책임, 존경, 지식)는 서로 맞물리며 사랑을 지탱한다. 보호는 배려로, 배려는 책임으로, 책임은 존경으로, 존경은 더 깊은 이해로 이어진다. 이 네 가지가 일상에서 숨 쉬게 될 때, 사랑은 기술을 넘어 삶을 빛나게 하는 예술이 된다. 사랑을 기술로 배우고 실천하는 사람만이, 그 사랑을 오래도록 지켜낼 수 있다. 결국 사랑의 성장은 곧 나의 성장이며, 그것이야말로 인생을 가장 충만하게 만드는 길이다.

2장
삶의 이유를 묻는 순간, 철학이 들려준 답

- 미숙한 사랑은 '내게 그대가 필요하기 때문에 그대를 사랑한다'는 것이지만, 성숙한 사랑은 '그대를 사랑하기 때문에 내 삶에 그대가 필요하다'는 것이다.

- 사랑은 단순한 감정이 아니라 끊임없는 활동이다. 내가 사랑하고 있다면, 그 사람을 향해 언제나 깨어 있는 관심과 마음을 기울이는 상태다.

- 사랑은 한순간 피었다가 스러지는 감정이 아니다. 꾸준한 노력과 훈련, 그리고 선택과 결단이 필요한 기술이다.

- 사랑이란 사랑하는 이의 생명과 성장을 향한 우리의 적극적인 관심이며, 그 관심 속에서 우리는 함께 자란다.

- 진정한 자유는 누군가에게서 허락받는 것이 아니라, 자신을 이해하고 다스릴 수 있는 능력에서 비롯된다.

나만의 깨달음 한 줄

더 깊은 사랑을 하고 싶다면
에리히 프롬

나를 더 깊이
성찰하고 싶다면

소크라테스

> "이봐, 오늘 하루 자네 자신을 찬찬히 돌아보았나? 잠시 멈춰 서서 마음이 어디를 향하고 있는지 살펴보게. 그 순간부터 이미 성찰은 시작된 것이니 말이네."

바쁨 속에 잊힌 '진정한 나'

현대인들은 "바쁘다"를 외치고 산다. 목표를 이루기 위해 바쁘고, 누군가는 뒤처지지 않으려고, 때론 살아남기 위해 바쁜 삶을 살아간다. 삶은 이렇게 빠르게 흘러가지만 정작 자신과 대화할 시간은 점점 부족하다. 내면 깊숙이 자리한 '진정한 나'는 마치 잊힌 섬처럼 점점 더 깊은 곳으로 가라앉아 버려진 채 방치되고 있다.

그런데도 우리는 자신을 돌볼 의미를 느끼지 못한다. 삶의 고난에 지치고 선택의 기로에 선 후에야 자신에게 묻는다. "나는 지금 잘 살아가고 있는가? 이 일을 왜 하고 있는가? 무엇을 위해 이렇게 바쁘게 살아가는가?" 진짜 나를 마주하지 않고 스치듯 던지는 질문은 좋은 답을 주지 않는다. 답을 찾지 못한 질문들은 일상의 소음 속에 묻혀버리고 우리는 다시 익숙한 바쁨으로 돌아간다.

이러한 삶이 반복되고 있다면 소크라테스를 만날 때이다. 그는 누구보다도 자기를 성찰하는 법을 깊이 이해하고 실천했던 철학자였기 때문이다.

소크라테스가 알려주는 자기 성찰의 길

소크라테스는 기원전 470년경 아테네에서 태어났다. 석공이었던 아버지 밑에서 석공 기술을 배우며 철학, 기하학, 천문학 등을 공부했다. 어머니는 산파였다. 그는 청년기부터 마흔 살 전까지 세 번의 전투에 참여했다. 마흔 이후에서야 자기 철학을 토대로 청년들의 교화에 힘썼다.

소크라테스는 사람들을 모아놓고 강론하거나 글을 쓰는 대신 만나는 사람에게 묻고 또 물으며 성찰을 이끌었다. 진리는 타인의 가르침이 아닌 스스로 깨달아야 의미가 있다

나를 더 깊이 성찰하고 싶다면
소크라테스

고 보았기 때문이다. 그래서 문답법(산파법)으로 자기 성찰을 유도했다. 소크라테스는 끊임없이 질문을 던지며 상대방이 스스로 진실에 도달하도록 이끌었다. 질문을 통해 인간의 무의식 속 깊이 자리 잡은 진리를 꺼내고 그 진리를 통해 자신을 바로 세우는 법을 알려준다. 질문이 보이지 않는 세계를 보는 강력한 도구임을 알았기에 질문으로 성찰을 끌어낸 것이다.

소크라테스는 "아무것도 모른다는 사실을 정확히 알고 있다"라는 유명한 말을 남겼다. 《소크라테스의 변명》에서 전하는 말을 보자.

"스스로 지혜롭다고 믿는 사람들이나 나나, 실상 아름다움과 선을 잘 모르지만 나는 나의 무지를 알기 때문에 모르면서도 안다고 생각하는 사람들보다 낫다."

소크라테스 철학의 핵심은 '무지無知의 지知'이다. '무지의 지'는 진리를 향한 근본적이고도 끊임없는 탐구의 출발점이다. 그는 자신이 모른다는 것을 자각하는 순간, 진정한 앎이 시작된다고 보았다. 진실을 향한 문이 열린다는 것이다.

2장
삶의 이유를 묻는 순간, 철학이 들려준 답

우리는 나를 누구보다 잘 알고 있다고 믿고 살아간다. 그렇지만 그 누구보다 자신이 자기를 모르고 있다는 사실을 수많은 실패와 고난을 통해 경험한다. 그래서 '무지의 지'의 철학이 필요하다. 자기 자신을 스스로가 잘 알지 못한다는 것을 인지해야 내면의 나를 알 수 있는 길이 열린다. 내가 알고 싶어 하는 나, 내가 바라는 내가 아니라 진짜 나를 아는 길은 '무지의 지'에서 출발한다. '나는 아무것도 모른다'라는 겸손으로 다가설 때 비로소 자신을 진지하게 탐구할 수 있기 때문이다.

나는 나인데 굳이 알아야 하냐고 반문하는 사람이 있을지 모르겠다. 이런 사람에게 소크라테스는 일갈을 날린다.

"숙고하지 않는 삶은 살 가치가 없다."

자신의 존재와 행위에 대해 끊임없이 질문하고 성찰해야 의미 있는 삶을 살 수 있다는 것이다. 자신을 돌아보지 않는 삶은 결국 타인의 기대와 사회의 흐름에 휩쓸릴 뿐이며 자신의 진정한 모습과 원하는 삶을 잃어버리게 된다.

소크라테스는 산파술로 성찰을 돕지만 그것이 빌미가 돼 사형선고를 받고 만다. 그에게는 '젊은이들을 타락시키

나를 더 깊이 성찰하고 싶다면
소크라테스

고, 국가가 인정하지 않는 신을 믿는다'는 죄명이 붙었다. 하지만 그 당시 사람들은 이 죄명이 터무니없다는 것을 알았다. 권력자들이 듣기에 거북한 이야기를 논리 정연하게 이야기하는 것이 싫어서 사형을 선고받은 것이다. 그럼에도 소크라테스는 변명하거나 피하지 않고 담담히 받아들인다. 죽음을 의연하게 맞이한다. 그에게 죽음은 영혼이 자유로워지는 과정이었으며, 자신이 믿는 진리와 지혜를 지키기 위한 여정의 완성이었다.

죽음 앞에서도 흔들림 없이 신념을 지킨 소크라테스는 우리가 일상에서 마주하는 작은 어려움과 혼란을 대하는 방법에 대해 교훈을 준다. 삶을 끝까지 바라보고 성찰한다면 진정한 자아를 향해 나아갈 수 있다고 말이다.

소크라테스는 "너 자신을 알라"고 말했다. 이 말은 소크라테스가 직접 한 말이 아니다. 그가 델포이 아폴론 신전에 새겨진 "너 자신을 알라"라는 문구를 자주 언급하다 보니 소크라테스가 한 말로 사람들은 이해했다. 어쨌든 그의 메시지는 우리 모두에게 자신을 마주해야 함을 알리는 조용한 부름이다. 바쁜 일상에 갇혀 자신을 잊어가는 우리에게 소크라테스는 잠시 멈춰 서서 자신을 들여다보라고 권유한다. 잊힌 섬처럼 버려져 있는 나와 마주하라고 속삭인다. 세상의 소음에서 잠시 벗어나, 내면 깊숙이 묻어둔 진짜 나를 만나러 가라고 조용히 읊조리고 있다.

의미 있는 삶은 성찰에서 시작된다

소크라테스는 "숙고하지 않는 삶은 살 가치가 없다"고 했다. 자기 성찰은 거창한 의식이 아니라, 매일 자신을 깊이 들여다보는 작은 습관에서 시작된다. 우선 자신에게 질문을 던져보자. "나는 누구인가?", "무엇을 원하는가?", "어떤 가치를 따라 살아가고 있는가?" 이 질문들을 삶의 한 장면 속에 비춰보면, 과거의 선택과 경험이 지금의 나를 어떻게 만들었는지 보이기 시작한다.

자신을 잘 모른다는 사실도 인정하자. 모른다는 자각이야말로 성찰의 문을 여는 열쇠다. 소크라테스처럼 부족함을 인정할 때 우리는 더 진지하게 묻고, 더 깊이 탐구하게 된다. 매일 일정한 시간을 정해 외부의 소음을 줄이고 내면의 목소리에 귀를 기울이는 것도 필요하다. 그 고요 속에서야

나를 더 깊이 성찰하고 싶다면
소크라테스

비로소 깊은 곳에 묻혀 있던 나의 속삭임을 들을 수 있다.

그 과정에서 떠오른 생각과 감정을 글로 남겨두면, 기록은 나를 비추는 거울이 된다. 시간이 지나 다시 읽을 때 그 기록은 또 다른 대화의 문을 열어준다. 무엇보다 성급한 판단을 경계하자. 아직 마주하지 못한 내 안의 진실에 도달하기 전에는 결론을 서두를 필요가 없다. 열린 마음으로 탐색할 때만 진정한 나를 만날 수 있다.

성찰은 답을 빨리 찾는 일이 아니다. 오히려 질문과 함께 머무는 과정에서 나를 새롭게 발견하는 일이다. 매일의 사소한 성찰이 쌓이면 삶은 조금씩 맑아지고, 나의 선택은 더 단단해진다. 오늘도 잠시 멈춰 서서 나에게 물어보자. "지금 나는 어디로 가고 있는가?" 그 대답 속에서, 소크라테스가 말한 '의미 있는 삶'이 서서히 모습을 드러낼 것이다.

오늘을 바꾸는 철학 한 줄

- 세상을 바꾸고 싶다면, 먼저 자신부터 움직여야 한다.

- 더 나은 나를 위해 살지 않는다면, 발전은 절대 찾아오지 않는다.

- 가장 쉽고도 고귀한 길은 다른 이를 짓밟아 올라가는 것이 아니라, 자신을 갈고닦아 한 걸음씩 높아지는 것이다.

- 지금 가진 것에 만족하지 못하는 사람은 더 많은 것을 손에 넣어도 여전히 만족하지 못할 것이다.

- 자신을 다스리지 못하면 영원히 타인의 지배를 받는다. 세상을 다스리고 싶다면 무엇보다 먼저 자기 자신을 지배하라.

나만의 깨달음 한 줄

나를 더 깊이 성찰하고 싶다면
소크라테스

> "당신이 찾는 행복이 잠깐의 즐거움인지,
> 덕과 이성이 빚어놓은 깊은 기쁨인지부
> 터 살펴보아라. 행복은 늘 당신의 선택과
> 실천 속에 있는 법이니."

행복은 어디에 있을까

인간은 모두 행복한 삶을 바란다. 눈을 뜨며 품은 작은 기대, 하루를 마친 후의 지친 숨결에는 행복을 향한 희망이 깃들어 있다. 그 희망은 어제보다 나은 오늘과 내일을 향해 나아가도록 이끈다. 비록 삶이 고단하고 불확실할지라도 행복을 향한 기대와 숨결은 오늘을 살아갈 이유가 되어준다.

하지만 행복을 향한 열망은 때로 우리를 혼란스럽게 만든다. 정작 행복이 어디에 있는지, 무엇이 진정한 행복인지 알지 못한 채 방황하는 자신을 마주할 때가 있기 때문이다. 그렇기에 행복의 본질에 대해 깊이 성찰할 필요가 있다. 이 성찰의 여정에서 만나야 할 철학자가 바로 아리스토텔레스다.

아리스토텔레스가 가르쳐준 행복의 본질

아리스토텔레스는 기원전 384년, 그리스 북부 스타기라(마케도니아)에서 태어났다. 아버지는 마케도니아 왕의 주치의였다. 부자 아버지는 아들이 공부에 전념할 수 있도록 풍족하게 지원해 주었다. 이런 배경 덕분에 그는 열일곱 살에 아테네로 유학을 떠나 플라톤이 가르치던 아카데메이아에 머물며 스무 해 동안 학문에 몰두했다. 스승 플라톤은 아리스토텔레스를 "책 읽는 사람"이라고 부르며 특별히 인정해 주었다. 그는 "아카데메이아의 정신"이라 불릴 정도로 학문에 대한 열정과 탁월함을 인정받았다.

아리스토텔레스는 기원전 343년, 마케도니아 황태자의 스승이 된다. 그 열세 살의 소년이 바로 알렉산더 대왕이다. 스승 자리에서 물러난 후에는 아테네로 돌아가 '리케이온'이라는 학당을 열었다. 그곳에서 다양한 학문을 체계적으로 연구하며 철학, 자연과학, 정치학, 윤리학 등 방대한 지식을

행복한 삶에 대해 알고 싶다면
아리스토텔레스

정리하고 후학을 양성했다.

아리스토텔레스는《니코마코스 윤리학》을 통해 행복한 삶에 대해 깊이 성찰했다. 이 책은 그가 리케이온에서 강의한 내용을 그의 아들 니코마코스가 정리하고 편집한 것이다. 아리스토텔레스는 행복을 단순히 감각적 즐거움이나 외적인 조건에서 찾지 않았다. 인간의 본질과 목적에 뿌리를 둔 철학적 탐구를 통해 행복을 정의했다. 그러면서 행복을 '에우다이모니아Eudaimonia'로 정의했다. 에우다이모니아는 '좋은eu' 영혼 또는 '신성daimon'의 합성어이다. 인간에 깃든 영혼과 신성을 발휘하여 '최상의 좋음'으로 나아가는 것이 가장 인간적인 삶이라는 것이다.

아리스토텔레스는 인간의 모든 행위가 궁극적으로 행복을 지향한다고 주장했다. 그는 행복을 '스스로 충분하며 외부 조건에 좌우되지 않고 지속 가능한 상태'로 규정했다. 행복은 단순히 한순간의 기쁨이 아니라, 삶 전체를 통해 성취되는 지속적인 내적 충만감이라는 것이다. 이를 위해 자신의 본성을 최대한 실현하며 살아가는 것을 강조했다. 자신이 누구인지, 무엇에 의미를 두고 살아야 하는지를 아는 것

삶의 이유를 묻는 순간, 철학이 들려준 답

이 행복의 본질을 이해하는 출발점이라는 것이다.

그런데도 우리는 외부 조건에 지나치게 의존하는 경향이 짙다. 외적 조건이 충족되면 행복해질 것이라 믿는다. 그러나 이러한 욕망은 본질적으로 채워지지 않는다. 이런 우리 삶을 간파하듯 아리스토텔레스는 말한다.

"욕망의 속성은 만족을 모른다는 것이고, 보통 사람은 욕망의 즉각적인 충족만을 추구하며 살아간다."

외적 조건에 삶의 초점이 맞춰지면 끊임없는 결핍감 속에서 살아가게 된다. 이러한 갈등과 번뇌는 행복 대신 불안과 초조로 우리 삶을 무겁게 짓누른다. 이런 우리 삶의 행태를 예측하며 그는 "우리는 목적이 아니라 목적한 것을 얻는 수단에 대하여 숙고한다"라며 일갈한다. 행복한 삶에 대한 본질을 놓치면 삶의 방향을 잃고 수단에만 집착하게 된다. 진정한 만족과 충만함을 경험하지 못한 채 끝없는 허무함 속에서 살아가게 되는 것이다.

아리스토텔레스는 행복을 추구하는 방법을 이성과 덕을 바탕으로 한 삶의 실천에서 찾았다. 그는 인간의 고유한 기능인 이성을 최대한 발휘하며, 덕(아레테)을 실천하며 삶의

    행복한 삶에 대해 알고 싶다면
아리스토텔레스

조화를 이루는 데서 행복의 길을 발견했다. 이성과 덕은 단순한 이론이 아니라 행동을 통해 구체화되는 실천적 지혜로 이어진다. 그가 말한 실천적 지혜(프로네시스)는 무엇이 옳은지 판단하고 그것을 실제로 행동으로 옮길 수 있는 능력을 의미한다.

아리스토텔레스는 특히 '중용中庸'의 실천을 강조했다. 극단을 피하고 균형을 유지하는 것이 행복한 삶의 핵심이라고 본 것이다. 용기는 무모함과 회피 사이에서, 절제는 탐욕과 금욕 사이에서, 자중은 경솔함과 지나친 신중함 사이에서 균형을 유지할 때 발휘된다. 이러한 덕목들이 각 개인의 상황과 성격에 따라 다르게 적용될 수 있음을 인정하며 중용을 찾는 과정이야말로 행복한 삶을 만들어가는 여정이라고 가르쳤다.

아리스토텔레스에게 행복은 단순히 도달해야 할 목표가 아니라, 삶 전체를 통해 이루어지는 '지속적 과정'이었다. 그는 행복을 삶의 순간순간에서 완성되는 경험으로 보았다. 이를 위해 끊임없이 자신을 성찰하고 자신의 본성을 실현하며 균형 잡힌 삶을 살아가야 한다고 가르쳤다. 그래서인지

2장
삶의 이유를 묻는 순간, 철학이 들려준 답

사색을 강조하며 "사색은 가장 고귀한 활동이며 충만한 행복"이라고 말한다. 사색을 통해 우리는 자신의 내면을 깊이 들여다보고, 삶의 의미를 깨달으며, 행복한 삶의 본질도 발견하게 된다.

행복은 도달해야 할 먼 목표가 아니다. 거창하지도 않다. 우리가 살아가는 날들의 사이사이에 조용히 숨어 있다. 그러니 오늘, 행복한 삶에 대해 사색해 보자. 행복은 우리의 태도와 선택 속에 담겨 있으니.

아리스토텔레스가 가르쳐준 행복의 길

아리스토텔레스가 말한 행복을 오늘의 삶 속에서 살아내려면, 먼저 내가 좇는 행복의 모습을 깊이 들여다봐야 한다. 그것이 잠깐의 쾌락이나 성취에 그치는지, 아니면 나와 주변 사람들의 삶을 함께 따뜻하게 만드는지 자문해 보자. 진정한 행복은 나만의 기쁨이 아니라, 나눌수록 더 깊어지는 법이다.

나만의 '덕목 목록'도 세워 훈련해 보자. 미국 건국의 아버지로 불리는 벤저민 프랭클린은 절제, 과묵, 질서, 결단, 검약, 근면, 진실, 정의, 중용, 청결, 침착, 순결, 겸손의 열세

 행복한 삶에 대해 알고 싶다면
아리스토텔레스

가지 덕목을 정하고 50년간 훈련했다. 그는 그렇게 쌓인 덕목이 결국 자신의 인격이 되었다고 고백했다. 우리도 삶에 맞는 덕목을 정하고, 그것을 매일의 선택과 습관 속에서 실천하자. 하루 한 번의 작은 실천이 쌓여 결국 나의 품성과 삶의 방향을 결정짓는다.

감사하는 마음도 잊지 말자. 감사는 현재를 긍정하게 하고 외부 조건에 흔들리지 않는 만족을 준다. 작은 것에서 기쁨을 발견할 줄 아는 사람만이, 큰 행복이 찾아왔을 때도 온전히 누릴 수 있다. 오늘 감사한 것들을 적고 그 이유를 써 보자. 이유를 기록하는 과정이 마음을 더 충만하게 만든다.

마지막으로, '지속 가능한 행복'을 향해 나아가자. 잠깐의 성취가 아닌, 오래도록 지켜갈 수 있는 가치와 균형을 찾는 것이다. 행복은 도착지가 아니라 매일의 태도와 선택이 빚어내는 과정이다.

그러니 오늘도 잠시 멈춰, 나를 행복하게 하는 길이 어디에 있는지, 그 길 위에서 나는 얼마나 성실히 걸어가고 있는지 깊이 물어보자. 그 물음 속에서 아리스토텔레스가 말한 '삶 전체의 충만함'이 조금씩 모습을 드러낼 것이다.

오늘을 바꾸는 철학 한 줄

- 우리는 반복하는 것에 의해 만들어진다. 그렇기에 탁월함은 특별한 행위가 아니라 매일의 습관에서 비롯된다.

- 행복은 노력하는 자 누구에게나 열려 있으며 그 기회 앞에서는 모든 인간이 평등하다.

- 가장 짙은 어둠 속에서 비로소 빛을 향한 시선이 또렷해진다.

- 선한 사람은 한결같은 길로 선함을 드러내지만, 악한 사람은 끝없이 다양한 방식으로 악을 드러낸다.

- 이상적인 인간은 불행 앞에서도 위엄과 품위를 잃지 않고, 긍정적인 태도로 그 상황마저 자신을 성장시키는 자산으로 만든다.

나만의 깨달음 한 줄

행복한 삶에 대해 알고 싶다면
아리스토텔레스

나이 듦이
아쉽고 속상하다면

키케로

나이 듦은 또 다른 완성을 향한 여정

어린 시절에는 시간이 느리게 가는 것이 답답해 하루빨리
어른이 되고 싶어 한다. 그러나 막상 어른이 되면 "왜 이렇
게 시간이 빨리 가는지" 아쉬워하며, 흘러가는 시간을 붙잡
으려 한다. 나이가 들수록 젊음이 서서히 사라지는 것이 아
쉽고 이루지 못한 목표들이 마음을 조급하게 만든다. 준비
되지 않은 은퇴는 더욱 두렵게 느껴진다. 나이 듦은 마치 삶
의 마감이 가까워지는 과정처럼 불안하게 다가온다.

그러나 키케로는 나이 듦을 전혀 다른 눈으로 보았다.

그는 나이 듦을 두려움의 시간이 아니라 새로운 삶의 가치를 발견할 기회로 여겼다. 삶의 마지막 계절이 주는 평온과 지혜를 누리며 속도에 쫓기지 않고 본질을 깊이 들여다볼 수 있는 시기라고 했다. 나이 듦은 쇠퇴가 아니라 오히려 또 한 번의 완성을 향해 나아가는 여정임을 일깨워 준다.

키케로가 전하는 나이 듦의 지혜

마르쿠스 툴리우스 키케로는 기원전 106년, 이탈리아 아르피눔에서 태어났다. 아버지의 적극적인 지원으로 로마에 유학해 수사학과 웅변술을 배우고, 고대 그리스 철학자 파이드로스에게 철학을 익혔다. 귀족 출신은 아니었지만, 뛰어난 능력과 노력으로 서른한 살에 재무관, 5년 뒤 안찰관, 4년 뒤 법무관으로 선출되었으며, 마흔세 살에는 마침내 로마 최고 관직인 집정관에 올랐다.

그의 눈부신 정치 경력 뒤에는 탁월한 웅변술이 있었다. 그것은 단순한 말솜씨가 아니라 명확한 논리, 강력한 설득력, 그리고 도덕적 정당성에 뿌리를 둔 힘이었다. 집정관 시절, 그는 연설을 통해 카틸리나 음모 사건을 해결하며 로마

나이 듦이 어렵고 속상하다면
키케로

를 반역의 위기에서 구했고 그 공로로 '국가의 아버지'라는 칭호를 받았다.

그러나 영광은 오래가지 않았다. 카이사르의 독재에 반대하던 그는, 카틸리나 사건을 빌미로 로마에서 추방당했다. 하지만 그 시간을 허비하지 않았다. 1년 8개월간의 추방 동안 정부, 윤리, 교육, 종교, 우정, 도덕적 의무에 관한 수많은 저술을 남겼다. 기원전 44년, 카이사르 암살 직후 그는 《노년에 대하여》 집필을 시작했고, 이는 안토니우스에게 암살당하기 1년 전에 완성되었다.

60대의 키케로는 나이 듦을 부정적으로 보지 않았다. 오히려 그는 삶의 풍파를 거치며 나이 듦 속에 담긴 지혜를 발견했다.

"인생의 매 단계에는 그에 걸맞은 특징들이 있다. 유년기는 연약하고, 청년기는 활기가 넘치며, 중년기는 위엄이 있고, 노년기는 무르익음이 있다. 시기마다 이런 특성을 갖추어야 자연스러운 삶이라 할 수 있다."

키케로는 시간의 흐름을 거스르려 애쓰기보다는 그것을 자연스럽게 받아들이라고 조언한다. 현재의 순간을 충실히

2장
삶의 이유를 묻는 순간, 철학이 들려준 답

살아가는 것이야말로 지혜로운 삶이라고 본 것이다. 그의 철학은 과거에 얽매이거나 미래를 두려워하기보다는, 지금 우리가 가진 삶의 본질에 집중하는 데 초점을 둔다.

"시간과 하루, 한 달, 한 해는 조용히 흐르고, 과거는 돌아오지 않으며, 앞으로 다가올 미래는 누구도 예측할 수 없다. 그러므로 우리는 주어진 삶에 만족하며 살아야 한다."

나이 듦의 불안은 죽음과 무관하지 않다. 키케로는 죽음의 불안으로 괴로워하는 이들에게 차분하게 조언한다.

"언제 닥칠지 모르는 죽음을 두려워하며 산다면 어떻게 굳건한 마음으로 살아갈 수 있겠는가."

죽음은 노년의 문제만이 아니다. 죽음은 삶의 어느 순간에도 찾아올 수 있다. 그래서 키케로는 죽음을 두려움의 대상이 아니라, 삶의 일부로 여겨야 한다고 말한다. 죽음을 두려워하면 현재의 삶에서 멀어지게 되고 불필요한 고통 속에서 살아가게 된다고 보았다. 그래서인지 이런 통찰을 남긴다.

"죽음은 삶이 끝나는 것이지, 가치를 없애는 것이 아니다. 우리가 삶 속에서 쌓아온 모든 덕과 지혜는 죽음 이후에도 의미를 지닌다."

 나이 듦이 어렵고 속상하다면
키케로

그는 죽음을 단순한 끝으로 보지 않았다. 살아 있는 동안 이룬 삶의 가치를 통해 그 이후까지 이어지는 여정으로 바라보았다.

그는 또한 육체적 쾌락에서 멀어지는 것을 두려워하지 않았다. "욕망의 지배를 받으면 미덕은 설 자리를 잃는다. 정신적 쾌락보다 더 큰 기쁨은 없다." 지혜와 성찰, 내적 평온에서 오는 만족이야말로 가장 고귀하고 오래 지속되는 행복이라고 그는 믿었다. 나이 듦은 욕망의 속박에서 벗어나 더 깊은 정신적 삶을 누릴 기회였다.

나이 듦은 삶이 소멸해 가는 과정이 아니다. 그것은 오늘까지의 시간이 빚어낸 지혜와 성찰의 결실이며, 더 깊은 평온과 자유를 누릴 수 있는 귀한 시기다. 이를 통해 우리는 삶의 속도와 방향을 배우고, 진정으로 소중한 것이 무엇인지 깨닫는다. 나이 듦을 자연스럽게 받아들일 때, 그 속에 숨겨진 아름다움은 비로소 우리 것이 된다.

시간을 거스르지 않고 사는 법

키케로의 철학은 나이 듦을 두려움과 상실이 아닌, 또 다른

2장
삶의 이유를 묻는 순간, 철학이 들려준 답

성숙과 완성을 향한 여정으로 바라보게 한다. 그는 시간의 흐름을 거슬러 붙잡으려는 헛된 시도보다, 그것을 담담히 받아들이는 태도를 권한다. 억지로 시간을 멈추려는 순간, 우리는 현재를 잃는다. 대신 각 시기가 지닌 고유한 아름다움과 가치를 발견하며 오늘을 충실히 살아야 한다. 충실히 쌓아 올린 하루하루가 노년의 평온과 깊이를 만든다.

그는 외적인 성취보다 내면의 성장을 더 중시했다. 내면이 비어 있다면 아무리 눈부신 업적도 모래 위의 성처럼 쉽게 무너진다. 지혜와 평온이 단단히 뿌리내릴 때, 외적인 성취도 비로소 의미를 얻는다. 그러기 위해서는 변화를 두려워하지 않아야 한다. 익숙함을 놓아야 새로운 것을 맞이할 수 있고, 낯선 길 위에 서야 삶의 또 다른 가능성이 열린다. 나이 듦이 주는 변화 또한 그 일부다.

키케로는 "늦은 시작은 없다"라고 말한다. 중요한 것은 지금, 이 순간의 선택과 방향이다. 성취와 성장은 나이가 아니라 결단에서 비롯된다. 또한 죽음을 멀리 있는 그림자가 아니라 언제든 닥칠 수 있는 삶의 일부로 받아들였다. 죽음을 의식할 때 우리는 삶의 본질에 가까워지고, 무엇이 진정

나이 듦이 아쉽고 속상하다면
키케로

소중한지 분명해진다.

마지막으로 그는 행복을 자기 안에서 찾으라고 조언한다. 상황과 조건에 기대는 행복은 변하면 사라지지만, 내면에서 길어 올린 행복은 어떠한 변화 속에서도 꺼지지 않는다. 내면의 행복을 아는 사람에게 나이 듦은 불행이 아니라, 지혜가 무르익고 평온이 깊어지는 계절이다.

나이 듦은 종착지가 아니라, 지금까지의 삶이 빚어낸 결실을 거두는 시간이다. 흐르는 시간을 거부하지 않고 내면을 가꾸며 살아갈 때, 우리는 나이 듦 속에 숨겨진 가장 고귀한 아름다움을 비로소 손에 넣는다. 그것은 젊음이 주지 못하는, 오직 삶의 마지막 계절만이 허락하는 선물이다.

2장
삶의 이유를 묻는 순간, 철학이 들려준 답

오늘을 바꾸는 철학 한 줄

- 용기 있는 자로 살아라. 운이 따르지 않더라도 굳센 가슴으로 불행에 맞서라.

- 끝나기 전까지는 그 무엇도 불가능하다고 단정하지 말라.

- 쾌락은 깊은 사유를 흐리게 하고, 이성에 맞서며, 마음의 눈을 가린다. 미덕과도 결코 함께할 수 없다.

- 누구나 실수할 수 있다. 그러나 어리석은 이는 그 실수를 끝까지 붙들고 놓지 않는다.

- 노년을 맞이하는 가장 큰 무기는 학문을 닦고, 미덕을 삶 속에 널리 실천하는 것이다.

나만의 깨달음 한 줄

나이 듦이 아쉽고 속상하다면

키케로

3장

고난 앞에 선 나에게,
철학이 건넨 위로

> "고난이 닥치면 '왜 나인가' 보다 '이 고난이
> 내게 무엇을 가르치려 하는가'를 물어보라.
> 그 질문을 품고 견디면, 고난은 적이 아니
> 라 당신을 세우는 동반자가 되리라."

고난 없는 삶은 없다

고난 없는 삶은 없다. 고난은 예고 없이 불쑥 찾아오기도 하고 때로는 서서히 삶을 잠식하여 우리 안에 깊숙이 자리 잡기도 한다. 끝이 보이지 않는 업무의 압박, 단절된 관계에서 오는 외로움, 몸과 마음을 약하게 만드는 질병, 예기치 못한 상실과 경제적 어려움이 삶을 짓누를 때면 그 무게에 짓눌려 한 발짝조차 내딛기 힘들다. 외로움, 불안, 실패, 좌절로 삶의 길을 잃기도 하고 고난의 끝이 어디인지 모른 채 불안 속에서 밤을 지새울 때가 있다.

고난을 마주할 때마다 우리는 자신에게 묻는다. "왜 나에게 이런 일이 일어나는 걸까?" 하지만 아무리 물어도 그 답이 쉽게 보이지 않을 때가 많다. 질문이 깊어질수록 고통도 더 깊이 파고든다. 그렇다고 피할 수도, 숨을 수도 없다. 피하고 숨는다고 고난이 해결되는 건 아니기 때문이다. 또 다른 삶의 모퉁이에서 다른 모습으로 우리를 기다리고 있을 뿐이다. 이렇게 고난의 무게에 눌려 방향을 잃고 헤매는 우리에게 니체는 깊은 통찰을 전해준다.

자신을 사랑하고 현실을 긍정하라

프리드리히 빌헬름 니체는 1844년 10월 15일, 독일 연방 작센주 뢰켄에서 태어났다. 루터교 목사였던 아버지는 니체가 다섯 살이 되던 해 뇌졸중으로 숨을 거두고 말았다. 니체 가족은 외할머니 집에 얹혀살아야 했다. 니체의 건강도 좋지 않았다. 고질적인 두통과 심각한 근시로 평생을 고통받았다.

그 후로도 고난은 지속되었다. 니체는 스물다섯 살, 젊은 나이에 스위스 바젤 대학의 문헌학 교수가 된다. 하지만

 고난을 극복할 지혜를 만나고 싶다면
니체

그 후의 삶은 고통의 연속이었다. 교수가 된 직후 니체는 프로이센-프랑스 전쟁에 참전하게 된다. 하지만 전염병에 걸려 두 달 만에 돌아올 수밖에 없었다. 그때부터 두통, 시력 저하, 소화 장애, 끊임없는 피로감과 같은 심각한 건강 문제에 시달렸다. 결국 서른다섯 살에는 교수직을 내려놓아야 했을 정도로 일상적인 생활조차 어려웠다.

인간관계도 순탄치 않았다. 가까운 친구뿐만 아니라 연인과의 관계가 끝없이 무너졌다. 음악가 리하르트 바그너와는 갈등 끝에 결별했다. 연인이었던 루 살로메와의 관계 역시 사랑이 아닌 갈등으로 끝났다. 그로 인해 니체는 극심한 고립감과 외로움을 느끼며 살아야 했다. 그럼에도 그는 삶의 고난과 고통을 피하지 않고 오히려 그 고통을 끌어안으며 자신의 철학을 발전시켜 나갔다.

니체는 삶과 맞서며 그의 철학의 핵심인 '운명애Amor Fati'를 탄생시켰다. 운명애는 자신에게 주어진 모든 것을 심지어 고난까지도 사랑하는 자세를 의미한다. 니체는 우리가 겪는 모든 일이 우연이 아니라 필연이라고 보았다. 고난과 고통마저도 말이다. 그는 고난을 받아들이며 그 안에서 자신을 단련하고 성숙해 나가는 길을 찾았다. 이런 사상을 바탕으로 니체는 《니체 대 바그너》에서 "깊은 고통을 겪은 사람은 세상의 그 어떤 지혜로운 이들보다 더 깊은 통찰을 얻을 수 있다"라고 말한다.

니체는 '초인'이라는 개념을 통해서도 인간이 어떻게 고난을 넘어설 수 있는지 설명한다. 초인은 외부 환경에 휘둘리지 않고 그 속에서 새로운 가치를 창조해 내는 존재이다. 그는 고난 속에서 자신의 내면을 돌아보며 "나는 누구인가? 이 고난 속에서 무엇을 배울 수 있을까?"라는 질문을 던져야 한다고 했다. 이러한 자기 성찰은 더 깊은 통찰과 강한 의지를 이끌며 인간을 한층 성숙하게 만든다는 것이다.

이 철학은 고난을 대하는 새로운 관점을 제시한다. 우리는 종종 고난이라는 상황에 휩싸여 버리기 쉽다. 상황에 매몰되면 고난의 수렁에서 헤어 나오기 어려워진다. 이럴 때 니체의 조언처럼 "이 고난에서 무엇을 배울 수 있을까?"라는 질문을 던지며 기존의 자신을 초월하려는 의지를 다져야 한다. 그러면 고난 속에서도 탈출구를 찾을 수 있게 된다.

'영원회귀' 사상도 고난을 극복할 지혜를 선물해 준다.

 고난을 극복할 지혜를 만나고 싶다면
니체

영원회귀는 삶이 무한히 반복된다는 철학이다. 우리가 지금 살아가고 있는 모든 순간이 영원히 반복된다고 가정하는 것이다. 삶에서 맞닥뜨리는 고난조차 영원히 반복된다고 가정했을 때 그 고난을 견딜 수 있느냐는 질문이다. 고통스럽더라도 그 순간을 긍정할 수 있느냐를 묻는 철학적 도전이다. 반복되는 삶에서 고난을 극복할 힘이 없다면 우리는 다시 고난 앞에서 무너질 수밖에 없으니 그것을 뛰어넘으라는 실질적인 조언이다.

고난은 때때로 자신을 재발견하는 축복의 통로가 된다. 고난 속에서 비로소 진정한 자신과 마주하며 더 깊은 성찰을 얻게 되니 말이다. 그러니 고난이 닥쳤을 때 피하지 말고 그 고난을 통해 무엇을 배울 수 있을지, 내가 추구해야 할 삶의 의미가 무엇인지를 찾아내는 데 초점을 맞추자. 고난을 긍정적으로 수용할 수 있다면, 우리는 그 과정을 통해 더 성숙하고 성장한 존재가 될 수 있을 테니 말이다.

고난 속에서 나를 단단하게 세우는 법

고난은 인간을 시험하는 동시에, 그를 빚어내는 조각칼이다. 피하고 싶은 순간일수록 그 안에는 나를 변화시키고 성장시키는 불씨가 숨어 있다. 니체가 말했듯, 우리는 고난 속에서야 비로소 자기 자신과 깊이 마주할 수 있다.

고난은 언젠가 끝난다. 지금은 한 치 앞도 보이지 않는 어둠 같아도 세월은 그것을 조금씩 깎아내리고 부드럽게 만든다. 시간이 해결해 주기도 하고 누군가의 손길이 우리를 일으켜 세우기도 한다. 그러니 폭풍이 몰아치는 날에도 언젠가 햇살이 비출 것을 믿고 희망의 끈을 놓지 말자.

피할 수 없는 고난이라면, 거부보다 수용이 더 큰 힘을 준다. 거부와 저항은 마음을 소진시키지만 수용은 내면을 단단하게 만든다. 한 번 고난을 겪어본 사람은 그 무게와 깊이를 알기에 다음 고난 앞에서 덜 흔들린다. 그것이 삶이 주는 면역력이다.

고난 속에는 배움이 숨어 있다. 무너뜨리는 독이 아니라 성장시키는 스승이다. "이 고난을 통해 나는 무엇을 배울 수 있을까?"라는 질문을 던지는 순간, 고통은 의미로 바뀌고 우리는 한 걸음 더 성숙해진다.

고난의 무게를 덜어내는 방법은 의외로 단순하다. 일상

고난을 극복할 지혜를 만나고 싶다면
니체

의 작은 순간을 붙잡는 것이다. 커피 향에 스미는 평온, 길가의 들꽃이 주는 미소, 사랑하는 이의 짧은 안부 인사. 이런 순간에 마음을 두면, 고난이 삶 전체를 삼키지 못한다.

그리고 무엇보다 있는 그대로의 나를 사랑하자. 고난 속에서 흔들리는 나를 비난하지 말고 그대로 끌어안는 것이 치유의 첫걸음이다. 자기 연민이 아닌 자기 수용에서 우리는 회복의 힘을 얻는다. 지금의 나를 사랑하는 순간, 고난을 이길 힘은 이미 우리 안에서 자라고 있다.

고난은 우리를 무너뜨리기 위해서가 아니라, 더 큰 나를 세우기 위해 찾아온다. 니체의 말처럼, 고난을 사랑할 수 있다면 그 순간부터 우리는 고난의 주인이 된다. 그리고 그때 고난은 더 이상 두려움의 이름이 아니라 나를 완성해 주는 동반자의 이름이 될 것이다.

3장
고난 앞에 선 나에게, 철학이 건넨 위로

<h1 style="text-align:center">오늘을 바꾸는 철학 한 줄</h1>

- 그대가 아직 아무것도 성취하지 못했더라도 자신을 존경하라. 상황을 바꿀 힘은 여전히 그대 안에 있다. 자신을 함부로 비하하지 말라.

- 스스로를 대단치 않은 인간이라 폄하해서는 안 된다. 그런 생각은 자신의 행동과 사고에 스스로 한계를 씌우는 일이다.

- 얼마나 깊이 고뇌할 수 있는가가 인간의 위치를 결정짓는다.

- 모든 삶의 순간은 우리에게 무언가를 말하려 하지만, 우리는 그 소리를 들으려 하지 않는다.

- 인생의 목적은 끊임없는 전진이다. 그 길 아래에는 언덕도 있고, 냇물도 있고, 진흙도 있다. 걷기 평탄한 길만 있는 것은 아니다.

<h2 style="text-align:center">나만의 깨달음 한 줄</h2>

고난을 극복할 지혜를 만나고 싶다면
니체

우울로 인한 불안에
사로잡혀 있다면

키르케고르

> "불안이 당신을 흔들면 이렇게 물어보세요.
> '이 불안이 내게 전하려는 건 무엇인가?'
> 그 질문을 붙잡고 도망치지 않으면, 불안은
> 짐이 아니라 길을 밝히는 등불이 될 거예요."

삶의 불안 속에 숨겨진 의미

우울로 인한 불안이 엄습하면 이유를 알 수 없는 무거움이 가슴을 짓누른다. 그러면 앞으로 나아갈 길조차 막막하게 느껴진다. 마치 짙은 안개 속에 홀로 선 듯한 기분이 든다. 어디로 가야 할지, 지금 무엇을 어떻게 해야 할지 알 수 없어 그저 그 자리에 멈춰 설 수밖에 없다. 심지어 나 자신마저 어딘가로 사라져버릴 것 같은 불안감에 휩싸인다.

우울과 불안은 단순히 고통으로만 머무르지 않는다. 그것은 자신을 마주할 기회를 주는 삶의 신호다. 우울 속에서

3장
고난 앞에 선 나에게, 철학이 건넨 위로

느껴지는 불안이야말로 우리 내면의 목소리에 귀 기울이며, 진정한 나를 찾기 위한 여정을 시작하게 한다. 불안은 우리를 깨우고 삶의 더 깊은 본질을 탐구하라고 손짓한다.

만약 우울로 인한 불안이 삶을 흔들고 있다면 키르케고르를 만나보자. 그는 우울로 인한 불안을 단순히 피해야 할 감정이 아니라 진정한 나를 발견하기 위한 첫걸음이라고 말했다. 불안이 진정한 삶으로 이끄는 길잡이라고 조언한다.

우울과 불안을 넘어서는 키르케고르의 철학

쇠렌 키르케고르는 1813년, 덴마크 코펜하겐에서 태어났다. 그의 아버지는 재력가이자 독실한 개신교 신자로 아들이 목회자가 되길 간절히 바랐다. 키르케고르도 아버지의 기대에 따라 코펜하겐 대학교 신학부에 입학했다. 하지만 방탕한 생활로 아버지에게 큰 걱정을 끼쳤다. 더욱이 우울증에 시달리던 그는 열여덟 살에 자살을 시도할 정도로 삶의 무게를 감당하기 어려워했다. 그의 삶 전반에는 우울로 인한 불안이 깊게 자리 잡고 있었다.

스물네 살의 키르케고르는 레기네를 보고 첫눈에 반해

 우울로 인한 불안에 사로잡혀 있다면
키르케고르

결혼을 결심한다. 곧 청혼까지 하지만 이내 후회하며 파혼을 결정한다. 그는 일기장에 당시 심정을 이렇게 적었다.

"나는 어린 시절부터 가장 비참한 우울증에 던져진 인간이다. 여기 있음 자체가 나를 불안하게 한다. 가장 작은 모기부터, 신이 인간이 된 비밀에 이르기까지 모든 것이 두렵다. 내게는 모든 것을 설명할 길이 없고, 나 자신이 가장 설명할 수 없다."

우울과 불안은 그에게 정상적인 삶을 어렵게 만들었다. 하지만 자기 삶을 깨뜨리지도 스스로 수렁으로 몰아넣지도 않았다. 오히려 우울과 불안 속에서 자기 본질을 찾고자 했다. 그의 사유는 이러한 고통 속에서 태어났고 삶의 불안과 씨름하는 과정에서 실존주의 철학이 탄생했다.

키르케고르가 주장한 실존주의는 단순히 이론적인 사상이 아니라 자신의 사상과 자신의 삶이 일치를 이루는 것에 있다. 그는 자신의 체험에서 출발해 정신과 삶의 통일을 지향했다. 키르케고르에게 실존주의란 고통과 불안을 통해 자신의 본질을 발견하며 진정한 삶을 살아가는 여정이었다. 그가 불안을 대하는 태도의 글이다.

3장
고난 앞에 선 나에게, 철학이 건넨 위로

"마음 깊은 곳에 혼란, 압박, 부조화, 불안 따위를 갖고 있지 않은 인간은 없다."

불안은 누구에게나 잠재된 감정이다. 그래서 불안을 이해하고 극복할 방법을 배워야 한다. 키르케고르는 불안을 극복하고 진정한 나를 찾는 과정을 세 가지 단계로 설명했다.

첫 번째는 '미적 단계'이다. 미적 단계에서는 불안이 엄습할 때 쾌락과 외적인 즐거움을 통해 삶의 의미를 찾으려 한다. 많은 사람이 이렇게 불안을 떨어뜨리려고 한다. 하지만 이러한 삶은 결국 공허함과 절망을 낳게 된다. 순간의 즐거움은 지속되지 않을뿐더러 깊은 내면적 만족도 주지 못한다. 이런 공허함과 절망을 깨달으면 인간은 더 깊은 차원의 성찰로 나아갈 준비를 한다.

그렇게 인간은 두 번째 '윤리적 단계'에 관심을 둔다. 윤리적 단계에서는 개인이 자신의 내면을 돌아보고 자기 행동과 선택에 책임을 지며, 삶을 하나의 통일된 이야기로 만들고자 한다. 자신을 성찰하고 도덕적 책임과 진정성을 통해 자기 삶을 구축하려고 노력한다. 그러나 윤리적 단계에서도

우울로 인한 불안에 사로잡혀 있다면

키르케고르

인간은 자신의 한계를 깨닫게 된다. 완전한 도덕적 삶은 불가능하다는 자각이 불안을 재촉하기 때문이다. 자신의 한계를 깨달은 인간은 다음 단계에 관심을 둔다고 키르케고르는 이야기한다.

세 번째는 '종교적 단계'이다. 종교적 단계는 인간이 자신의 한계를 인정하고 불안을 통해 더 높은 차원의 의미와 연결되는 경험을 말한다. 키르케고르는 불안을 통해 자신의 한계를 인정하고 이를 넘어선 더 큰 진리와 연결될 때 비로소 삶의 완전한 통합을 이룰 수 있다고 보았다. 그래서 신앙적 토대 위에 '영원한 것'을 붙잡았다. 그러자 우울을 견딜 힘도 생성되었다고 그는 말한다.

"나의 삶은 끔찍한 우울증으로 시작되었다. 비참함이 사라질 수 있으리라는 생각은 할 수 없었다. 그래서 나는 영원한 것을 붙잡았다. 내가 평생 그토록 고통을 받는다 하더라도 여전히 신은 사랑이라는 사실을 확인하고 행복했다."

키르케고르는 평생 우울 속에서 살아야 했다. 그로 인한 불안도 컸다. 하지만 그 불안이 실존주의 철학을 향한 선구자의 길을 걷게 했다. 그래서인지 그는 이렇게 말한다.

고난 앞에 선 나에게, 철학이 건넨 위로

"우울했다는 것이 내게는 행운이다."

오늘 우울하고 불안한가. 그렇다면 피하거나 숨지 말자. 자신을 괴롭히지도 말자. 우울과 불안은 오늘도 우리를 흔들고 있지만, 동시에 우리를 깨우는 삶의 동반자이기 때문이다. 키르케고르 말처럼 "불안은 자유의 가능성"이다. "불안을 올바르게 품는 방법을 배운다면 최고의 방법을 배웠다"라고 할 수 있다.

우울과 불안을 삶의 동반자로 만드는 법

불안을 피하려고만 하면 그것은 더 거세게 우리를 덮친다. 키르케고르가 말했듯 불안은 누구나 품고 사는 감정이며 오히려 우리를 더 깊이 깨우는 신호다. 그러니 불안을 느낄 때 "왜 이런 불안이 나를 찾아왔는가?"라는 질문을 던져보자. 그 순간 불안은 막연한 두려움이 아니라 나를 더 나은 방향으로 이끄는 안내자가 된다.

순간적인 쾌락이나 외적인 성취로 불안을 덮으려 하지 말자. 그것은 잠시의 진통제일 뿐, 공허함은 곧 다시 고개를 든다. 불안이 주는 메시지를 직면하고 내면에서 그 의미를

 우울로 인한 불안에 사로잡혀 있다면
키르케고르

찾는 연습이 필요하다. 때로는 나의 한계를 인정하고 모든 것을 통제하려는 집착을 내려놓을 때 비로소 불안은 새로운 빛을 띤다. 완벽하지 않아도 괜찮다는 수용이 마음의 여백을 만드니 말이다.

또한 불안은 과거의 후회와 미래의 걱정에서 자라난다. 그래서 '지금, 여기'에 머무는 힘이 필요하다. 산책, 글쓰기, 독서처럼 마음을 현재에 묶어두는 습관이 필요하다. 몽테스키외가 말했듯 "한 시간의 독서로 떨쳐낼 수 없는 불안감은 없다." 이 말을 기억하며 오늘 책 한 권을 펼쳐보자.

불안을 혼자 품지 말고 신뢰할 수 있는 사람과 나누는 것도 좋다. 말하는 순간 마음의 짐이 한결 가벼워지고, 타인의 공감 속에서 다시 일어설 힘을 얻게 될 테니 말이다.

불안은 숨길 대상이 아니라 함께 짊어지고 건너갈 다리다. 그 다리를 건너는 동안 우리는 비로소 자신이 어떤 존재인지, 무엇을 향해 가야 하는지 깨닫게 된다. 불안이 우리를 흔드는 동시에 우리를 일으켜 세운다는 역설을 이해할 때 불안은 더 이상 삶의 적이 아니다. 그것은 오히려 나를 더 단단하고 깊게 만드는 평생 함께할 스승이 된다.

3장
고난 앞에 선 나에게, 철학이 건넨 위로

오늘을 바꾸는 철학 한 줄

- 절망은 현재형이다. 우리가 절망하고 있다면, 과거나 미래의 것을 지금 여기로 끌어왔기 때문이다.

- 삶에는 숨은 힘이 있다. 그러나 그 힘을 찾기 위해서는 반드시 먼저 그 삶을 온전히 살아야 한다.

- 절망에 대한 가장 훌륭한 치료제는 실현 가능성에 대한 믿음, 즉 희망이다.

- 절망에 빠진 사람은 외적인 결과보다도, 무엇보다 자기 자신에게 절망하고 있다.

- 인간은 자기 자신을 갈고 닦아 아름다운 조각품을 만들어야 하는 존재이지, 모서리를 깎아 자신을 지워버리는 존재가 되어서는 안 된다.

나만의 깨달음 한 줄

우울로 인한 불안에 사로잡혀 있다면
키르케고르

"공허가 밀려올 땐 억지로 밀어내지 마라. 그 감정 속으로 한 걸음 들어가 보라. 그러면 당신이 진짜 원하는 삶의 방향이 서서히 보일 것이다."

공허는 내 의지와 상관없이 나타난다

삶은 쉼 없이 흐른다. 우리는 더 나은 미래를 위해 끊임없이 움직인다. 하지만 분주함 속에서도 불현듯 낯선 감정이 스며들 때가 있다. 원하는 대로 일이 풀리지 않거나 목표를 이루고 성취의 기쁨을 느껴야 할 순간에도 삶이 멈춰버린 듯한 고요를 경험한다. 그렇게 열심히 달려왔고 지금도 달리고 있는데 모든 것이 무의미하게 느껴지는 순간이 있다. 내면 깊은 곳에서의 텅 빈 감각. 그것이 바로 공허다.

공허는 나의 의지와 상관없이 나타난다. 아무런 문제가

고난 앞에 선 나에게, 철학이 건넨 위로

없어 보이는 일상에서도 모든 것이 완벽히 정리된 순간에조차 공허는 얼굴을 내민다. 삶의 이면에 숨어 있다가 불현듯 나타나 더 나아가지 못하게 멈춤을 지시한다.

삶의 공허로 무엇을 어떻게 해야 할지 갈피를 잡지 못하고 있다면 하이데거를 만나보자. 하이데거는 공허를 우리가 본래의 자신과 삶의 의미를 되찾기 위해 반드시 마주해야 할 존재의 질문으로 보았기 때문이다.

공허 속에서 발견한 하이데거의 삶의 본질

마르틴 하이데거는 1889년 독일 바덴 지역의 메스키르히에서 태어났다. 프라이부르크 대학에서 철학을 공부한 후 그곳에서 학생들을 가르쳤다. 그는 1927년 출간한《존재와 시간》을 통해 철학사에 깊은 발자취를 남겼다.

하이데거는 공허를 단순한 감정의 문제가 아니라 삶의 본질과 단절될 때 나타나는 존재론적 현상으로 보았다. 그는 공허를 시대적 현상과 연결 지어 해석한다. 우리가 물질적 풍요 속에 살고 있지만 정작 삶에서 중요한 본질은 놓치고 있다고 지적한 것이다.

공허함으로 삶이 멈추었다면

하이데거

특히 기술 시대에는 인간이 자신의 존재를 망각하는 현상이 극에 달했다고 하이데거는 강조한다. 물질적으로는 풍요로워 보이지만 내적으로는 공허한, 이른바 '궁핍한 시대'라는 것이다. 그는 그 원인을 인간이 자기 삶의 본질에 대해 스스로 질문하지 않기 때문이라고 말한다.

"인간은 언제나 자신의 존재에 대해 질문해야 한다."

존재에 대해 질문하지 않으면 우리는 자신을 단순히 목표 달성을 위한 수단이나 도구로 여길 위험에 처하게 된다. 그러는 순간 삶의 진정한 의미와 본질에서 점점 멀어지게 된다. 하이데거는 이러한 상태를 '비본래적 존재'라고 정의하며 인간이 타인의 기대와 사회적 기준에 얽매여 자신의 진정한 목소리를 잃어버린 상태로 설명했다. 남들이 하는 대로 그저 주어진 대로 살아간다는 것이다. 그는 삶을 단지 목적을 달성하기 위한 과정으로만 바라보면 진정한 만족과 충만함을 느낄 수 없다고 보았다.

공허는 불편하고 두려운 감정이 아니라고 하이데거는 말했다. 그는 공허에 휩싸이는 순간이야말로 삶에서 중요한 전환점이 될 수 있다고 보았다. 공허는 자신이 누구인지, 무

3장
고난 앞에 선 나에게, 철학이 건넨 위로

엇을 위해 살아가는지를 묻게 만들기 때문이란다. 하이데거는 이를 '존재의 물음'이라고 불렀다. 오늘 쉼 없이 살아가는 상태를 넘어 '어떻게 존재할 것인가'를 성찰하게 만드는 근본적인 질문이라고 본다.

하이데거는 공허를 극복하고 본래적 삶으로 나아가기 위해서는 과거의 후회나 미래에 대한 불안에서 벗어나 '현재라는 시간' 속에서 자신의 존재를 온전히 살아야 한다고 보았다. 그것을 '현존재Dasein'의 상태로 설명한다. 자신의 존재를 성찰하는 사람을 의미한다. 현존재는 자기 자신에게 관심을 기울이고 돌보는 존재로 삶을 단순히 흘러가는 시간으로 바라보지 않는다. 오히려 자신이 유한한 존재임을 자각하고 지금, 여기를 자기 의지로 채우는 삶의 방식을 선택한다. 그렇게 함으로써 비본래적 존재를 벗어나 공허를 넘어설 수 있다고 하이데거는 주장한다.

또한 본래적 삶으로 나아가는 방법을 죽음으로 설명한다. 1961년, 어느 강연장에서 한 청중이 하이데거에게 질문했다.

"존재를 어떻게 인식할 수 있죠?"

공허함으로 삶이 멈추었다면
하이데거

하이데거의 답은 간단명료했다.

"무덤 앞에서 시간을 보내 보라."

하이데거는 죽음과 관련된 말을 쏟아내며 본래적 존재로 전환하라고 조언한다.

"우리가 존재하는 한, 우리는 죽음을 향해 전진한다."

"만일 내가 내 삶에 죽음을 받아들이고, 그것을 인정하고 그것을 당당하게 맞이한다면 나는 죽음이라는 불안과 삶의 사소함으로부터 자유롭게 될 것이다. 그때가 돼서야 나는 나 자신이 되는 자유를 누릴 것이다."

비본래적 존재는 타인의 기대와 사회적 규범에 의해 움직이며 자신을 잃어버린 상태다. 반면 본래적 존재는 죽음이라는 필연적 한계를 받아들이고 그것을 통해 매 순간의 삶을 자신의 선택과 책임으로 살아가는 상태를 의미한다.

죽음을 향한 성찰은 단순히 유한함을 인정하는 데 그치지 않는다. 그것은 우리의 삶이 무한히 반복되거나 계속 이어질 것이라는 착각에서 벗어나 현재라는 시간 속에서 자신의 존재를 온전히 살게 만든다. 하이데거는 죽음을 의식함으로써 우리가 외적 성취나 타인의 평가가 아니라 내면 깊

3장

고난 앞에 선 나에게, 철학이 건넨 위로

은 곳에서 우러나는 진정한 삶의 방향을 찾게 된다고 주장했다. 죽음을 멀게 느끼면 우리는 타인의 시선을 의식하며 살아가지만, 죽음을 가까이 느낄 때 비로소 자신이 진정으로 원하는 삶을 선택하게 된다.

라틴어 '메멘토 모리Memento Mori'는 '죽음을 기억하라', '너는 반드시 죽는다는 것을 기억하라'는 뜻이다. 이 말 역시 죽음을 기억하는 의미를 넘어 유한한 삶 속에서 진정한 의미를 발견하라는 메시지다. 죽음을 의식할 때 우리는 매 순간을 더 깊이 살아가며 자기 본질을 잃지 않는다.

삶이 공허한가. 텅 빈 마음을 어떻게 채워야 할지 몰라 막막한가. 그렇다면 기회다. 진짜 나를 발견하고 본래적 존재로 돌아갈 수 있는 소중한 기회가 찾아온 것이다. 이 기회를 살려 삶의 본질과 마주하고 다시 걸음을 내디딘다면 공허는 더 이상 두려움이 아니라 우리를 이끌어주는 빛이 될 것이다.

공허를 건너 본래의 삶으로

누구나 한 번쯤 이유를 알 수 없는 공허와 마주한다. 그 순

공허함으로 삶이 멈추었다면
하이데거

간은 삶이 멈춘 듯하지만, 사실은 우리에게 가장 깊은 질문을 던지는 시간이다.

공허를 마주했다면 먼저 자기 존재에 대해 질문하라. "나는 누구인가? 어떻게 살아야 하는가? 왜 사는가? 무엇을 위해 살아야 하는가?" 이 물음들은 단순한 호기심이 아니라 자신과 삶의 본질을 향한 가장 근본적인 통로다. 명확한 답을 찾지 못해도 괜찮다. 이 질문들을 붙잡고 살아가는 과정 자체가 공허를 채우고 방향을 세우는 힘이 된다.

삶의 유한함을 깊이 자각하는 것도 중요하다. 우리는 종종 시간이 무한히 주어진 것처럼 살아간다. 하지만 죽음을 향해 걸어가는 존재라는 사실을 깨닫는 순간, 매 순간이 새롭게 빛난다. 하루하루가 다시는 오지 않을 유일한 시간임을 알면, 공허 속에서도 삶의 밀도와 의미가 되살아난다.

타인의 기대가 아니라 자신만의 길을 걸어라. 하이데거가 말했듯, 비본래적 존재는 남이 정한 길에서 벗어나지 못한 채 자기 목소리를 잃어버린 상태다. 공허를 넘어서는 길은 언제나 '내가 선택한 삶'에 있다. 그 길은 쉽지 않지만, 진정한 만족과 충만함은 오로지 자기 결정을 살아낸 자에게만

3장

고난 앞에 선 나에게, 철학이 건넨 위로

주어진다.

그리고 삶의 불확실성을 받아들이자. 오늘의 선택이 내일의 오답이 될 수도 있고, 오늘의 오답이 내일의 정답이 될 수도 있다. 그러니 불확실함을 두려워하기보다 그 속에서 의미와 아름다움을 발견하려고 노력하라. 그 순간, 불확실성은 더 이상 장애물이 아니라 새로운 길로 이끄는 나침반이 된다.

공허는 우리를 무너뜨리는 적이 아니다. 그것은 '어떻게 존재할 것인가'라는 물음을 건네는 신호다. 그 부름에 응답하는 순간, 우리는 더 이상 공허 속에 머물지 않는다. 오히려 그 공허를 발판 삼아 자기 존재의 무게와 빛을 온전히 살아낼 수 있다.

공허함으로 삶이 멈추었다면
하이데거

<h2 style="text-align:center">오늘을 바꾸는 철학 한 줄</h2>

- 모든 것은 나 자신을 탐구하는 데서 시작해, 다시 나 자신에 대한 탐구로 귀결된다.

- 무의미의 나락에서 벗어나는 길은 그 나락을 피하는 데 있지 않다. 오히려 그 나락에 깊이 뛰어들어 새로운 의미의 씨앗을 찾아야 한다.

- 죽음을 이해하고 현재를 온전히 바라보면 비로소 인생 전체를 이해할 수 있을 것이다.

- 앞날은 누구도 알 수 없다. 그러니 우리는 다만 지금 생각할 수 있는 것을 깊이 생각하고 지금 경험할 수 있는 것을 온몸으로 경험하면 된다.

<h2 style="text-align:center">나만의 깨달음 한 줄</h2>

3장

고난 앞에 선 나에게, 철학이 건넨 위로

삶의 고통을 극복하고 싶다면

쇼펜하우어

"고통이 밀려올 땐 피하려 하지 말자. 그 속을 들여다보며 우리가 지켜야 할 가치와 믿음을 굳게 붙잡자. 그러면 우리 안에 더 깊고 단단한 힘이 자라날 것이니."

삶은 고통이다

삶은 고통이다. 우리는 고해苦海의 바다에서 살아가야 하는 존재다. 우리는 거친 파도가 끊임없이 몰아치는 인생의 바다에서 자주 표류하며 흔들린다. 아무리 벗어나려 해도 깊고 어두운 바다는 좀처럼 우리를 놓아주지 않을 때가 많다. 고통은 마치 피할 수 없는 운명처럼 우리 앞에 다가서고 그 안에서 불안과 좌절, 끝없는 외로움과 마주한다. 고통에서 벗어날 수 없다는 현실은 때때로 절망의 수렁으로 밀어 넣는다. 그 속에서 무기력하게 몸부림치며 고통을 부정하려 애쓴다.

그럼에도 고통은 사라지지 않는다. 여전히 우리 곁에 머물러 있다. 변하지 않는 삶 앞에서 지쳐 고개를 숙일 때가 많은데 이럴 때 마주해야 할 철학자는 쇼펜하우어다. 그의 철학은 고통을 피하지 않고 정면으로 직시하며 수용하는 법을 배우게 해준다.

고통에서 찾은 삶에의 의지

삶의 깊이는 자신이 겪은 인생의 고통을 통해 풍부해진다. 고통 속에서 피어난 꽃이 아름답듯, 고통 속에서 길어 올린 철학적 사유는 삶을 더 깊이 이해하게 한다. 그래서 쇼펜하우어 철학은 힘이 있다. 쇼펜하우어의 삶이 고통의 바다에서의 끝없는 항해였기 때문이다.

아르투어 쇼펜하우어는 1788년, 폴란드-리투아니아 연방의 항구 도시인 단치히에서 태어났다. 1793년 단치히가 프로이센 왕국에 합병되자 그의 가족은 독일 함부르크로 이주했다. 그의 어린 시절은 비교적 평안했다. 아버지는 부유한 상인이었고 어린 쇼펜하우어는 아버지를 따라 사업가를 꿈꾸었다.

하지만 아버지는 성공 뒤에 감춰진 불안과 우울함 속에서 결국 강으로 뛰어내리는 극단적인 선택을 하고 만다. 열일곱 살 때 겪은 아버지의 죽음은 마음에 깊은 상처를 남겼다. 어머니는 스무 살 차이가 나는 남편이 사망하자 막대한 재산을 토대로 사교계로 뛰어든다. 질풍노도의 시기를 보내고 있던 쇼펜하우어는 어머니를 보며 가정을 불신하게 된다. 그로 인해 불안도 심했다. 이발사에게 면도를 맡기지 않을 정도로 말이다.

학문적 성취를 위해 철학자의 길을 선택하지만, 당시 학계에서는 인정받지 못했다. 서른한 살에 베스트셀러를 확신하며 쓴 《의지와 표상으로서의 세계》는 동시대 교수들로부터 무시를 당했다. 쇼펜하우어는 자신의 역작을 몰라보는 그들을 증오하며 분노했다. 야심 차게 베를린 대학에서 철학을 강의했지만 수강생은 다섯 명에 불과했다. 반면 학문적 충돌을 겪었던 헤겔의 강의는 학생들이 강당을 꽉 채울 만큼 인기가 있었다. 그는 그로 인한 좌절과 자괴감으로 괴

삶의 고통을 극복하고 싶다면
쇼펜하우어

로워하며 살아야 했다.

그래서인지 쇼펜하우어는 어떻게 죽어야 하고, 어떻게 파멸되어야 할 것인지를 고민했다. "태어나지 않았더라면 더 좋았을 것을"과 같은 탄식으로 시간을 보냈다. 그 안에는 인생의 고통이 내포돼 있었다. 그럼에도 쇼펜하우어는 극단적인 선택을 하지 않았다. 오히려 고통을 정면으로 직시하며 삶의 본질을 탐구한다. 그는 '삶은 본질적으로 고통이라는 사실'을 통찰하며 그 속에서 인간 존재의 깊이를 발견하고자 했다.

삶의 통찰로 그는 '의지'를 이야기한다. '살아남고자 하는 의지'는 모든 생명의 본능으로 고통을 견뎌내고자 하는 끊임없는 욕망을 반영한다. 인간은 끝없는 욕망의 순환 속에서 생존을 위해 애쓰며 그 결과로 고통을 겪는다는 것이다.

"이 세상의 모든 생물은 생존하려는 강한 의지가 있지만, 이 의지가 충분히 만족스럽지 않기 때문에 삶은 고통스러운 것이다."

쇼펜하우어는 고통에서 벗어나려면 자기 욕망을 최소화

고난 앞에 선 나에게, 철학이 건넨 위로

해야 한다고 보았다. 의지를 억제하는 것이 고통을 극복하는 길이라고 본 것이다. 그는 의지를 억제하는 방법으로 예술이나 음악과 같은 미적 체험을 추천한다. 예술적 경험을 통한 몰입이 의지로부터 해방될 수 있다고 보았다. 그가 한 말을 보면 이해가 갈 것이다.

"정신이 풍요로워질수록 내면의 공허가 들어갈 공간이 줄어든다."

가장 중요한 그의 사유는 고통을 피할 수 없다는 사실을 받아들이는 것이다. 고통을 삶의 본질로 받아들이고 그 안에서 평온을 찾는 것이 중요하다는 것이다. 고통을 피하려는 몸부림 속에서 더 큰 절망을 경험하기보다는 그 고통을 삶의 자연스러운 일부로 받아들일 때 우리는 고통을 넘어설 힘을 얻게 된다.

그러니 고통이 마음을 짓누르더라도 그 고통 속에서 피어나는 삶의 의지와 열망을 놓치지 말자. 고통은 우리가 살아 있음을 증명하는 징표이니까. 우리 내면 깊숙이 뿌리내린 생의 본능을 일깨우는 힘이기도 하니까. 고통의 바다 한가운데서 흔들리며 버티는 나무처럼 그 아픔을 견딜 때 우

삶의 고통을 극복하고 싶다면
쇼펜하우어

리는 한층 더 단단해지고 넓어진 자신을 만날 수 있다. 고통을 삶의 일부로 포용하는 그 마음이 언젠가 우리를 고요하고 따뜻한 곳으로 인도한다.

삶의 무게를 견디는 법

쇼펜하우어는 고통을 회피해야 할 불행이 아니라 마주하고 이해해야 할 삶의 조건으로 보았다. 첫걸음은 고통을 삶의 일부로 받아들이는 것이다. 고통이 사라져야만 행복해질 수 있다고 믿으면 우리는 끊임없는 불만과 저항 속에 살게 된다. 그러나 고통을 존재의 자연스러운 한 부분으로 인정하면 그 무게에 덜 휘둘리며 감정적으로도 더 안정될 수 있다.

삶에의 의지를 잃지 않는 것도 중요하다. 쇼펜하우어는 염세주의자였지만, 오히려 삶을 더 열정적으로 살아야 한다고 보았다. 오늘을 살아야 할 단 하나의 이유라도 찾으면 그 이유가 고통 속에서도 나를 지탱해 준다. 크고 거창한 목표가 아니어도 좋다. 작은 기쁨과 의미가 모여 하루를 버티는 힘이 된다.

3장
고난 앞에 선 나에게, 철학이 건넨 위로

고통에서 잠시 벗어나 몰입할 수 있는 것을 접하는 것도 필요하다. 예술, 글쓰기, 식물 가꾸기, 운동 등의 활동은 고통의 굴레에서 우리를 잠시 풀어주고, 마음의 고요를 회복시킨다. 고통은 성장의 토양이기도 하다. 시련 속에서 인간은 단단해지고, 시야는 넓어지며, 지혜는 깊어진다. 피할 수 없다면, 그 안에서 배움을 찾는 편이 훨씬 현명하다.

무엇보다 외부의 인정보다 내면의 성취를 추구하는 것도 잊지 말자. 쇼펜하우어는 오랫동안 무명에 머물렀지만 철학적 탐구를 멈추지 않았다. 그 결과 마흔다섯 살부터는 명성이 높아졌고 60대에는 그의 철학을 주제로 세계의 여러 대학에서 강의가 열렸다.

그러니 고통을 단순히 피해야 할 적으로만 여기지 말자. 고통은 때로 우리를 시험하고, 때로는 우리를 성장시키는 스승이다. 그 안에는 아직 발견하지 못한 나의 힘과 가능성이 숨어 있다. 외부의 평가나 인정에 흔들리기보다, 고통 속에서도 내가 지켜야 할 가치와 믿음을 붙잡자. 그것이야말로 삶의 무게를 견디게 하고, 더 깊고 단단한 나를 만드는

삶의 고통을 극복하고 싶다면
쇼펜하우어

힘이 된다. 고통을 껴안고 살아낸 시간은 언젠가 삶을 빛나
게 하는 자산이 되어, 우리를 더 넓은 시야와 평온한 마음으
로 이끌어줄 것이다.

3장

고난 앞에 선 나에게, 철학이 건넨 위로

오늘을 바꾸는 철학 한 줄

- 진정한 희망은 자신을 신뢰하는 데서 비롯된다.

- 나는 결국 나일 수밖에 없다. 타인의 기대와 기준에 나를 맞추려는 순간, 불행은 시작된다.

- 후회는 자신을 스스로 고문하는 행위다.

- 행복은 자기 자신에게 만족할 줄 아는 사람만이 누릴 수 있다.

- 우리는 가진 것은 당연시하며 갖지 못한 것만 바라보는 버릇이 있다.

나만의 깨달음 한 줄

삶의 고통을 극복하고 싶다면

쇼펜하우어

선택 앞에서
발걸음이 멈춘 것 같다면

사르트르

> "선택이 두렵다고 해서 타인에게 맡기지
> 말 것. 불완전해도 스스로 고른 길만이
> 당신을 진짜 주인으로 세우는 법이다.
> 그렇게 걸어간 발자국이 모여 당신의
> 삶을 빚어낼 테니."

저의 선택권을 이양해 드립니다

자기 삶을 스스로 선택하며 사는 사람이 얼마나 될까. 학원, 대학교, 직장, 결혼까지 부모에게 선택을 일임한 사람들의 이야기가 여기저기서 들린다. 음식 메뉴를 정할 때도 남에게 부탁하는 사람이 있다. 이들은 자기 삶의 선택권을 다른 이들에게 건넨다. 삶의 주도권을 스스로 포기하는 것이다. 타인의 결정 뒤에 숨어 있는 편이 더 편안하다고 느끼기 때문이다. 이들은 선택의 무게와 책임을 두려워해 타인의 결정에 기대며 자신의 삶을 주체적으로 이끌 기회를 스스로

3장
고난 앞에 선 나에게, 철학이 건넨 위로

차단한다.

타인이 제시하는 경로를 따르는 것이 당장은 편안해 보일 수 있다. 하지만 그런 삶은 결국 자신의 욕망과 가능성을 희미하게 만들고 삶에 대한 깊은 불만과 공허함을 남기게 된다. 선택의 회피는 안정이 아니라 자기 자신을 잃어버리는 길일지도 모른다.

그렇기에 사르트르를 만나야 한다. 그는 인간에게 선택은 피할 수 없는 존재의 조건이며 선택의 책임을 스스로 지는 것이야말로 인간다움을 이루는 본질이라고 말했다. 결국 인간은 자신의 선택을 통해 삶을 만들어간다.

인간은 선택을 통해 자기 삶을 창조한다

장폴 사르트르는 1905년, 프랑스 파리에서 태어났다. 태어난 지 15개월 만에 아버지가 세상을 떠나자, 외가댁에서 어린 시절을 보냈다. 외할아버지 샤를 슈바이처(알베르트 슈바이처의 백부)는 독문학 교수였다. 사르트르는 외할아버지의 깊은 교양의 영향을 받으며 자랐다. 그로 인해 어린 시절부터 학문에 대한 탐구심이 넘쳐났다. 그는 외할아버지의 관

　　선택 앞에서 발걸음이 멈춘 것 같다면
사르트르

심을 받기 위해 글쓰기에 전념했다고 한다.

고등사범대학에서는 철학, 사회학, 심리학을 공부하며 학문의 깊이를 더해갔다. 사범대학을 졸업한 후에는 파리에서 교직 생활을 하면서 문학작품을 쓰기 시작했다. 제2차 세계대전 때는 프랑스 군인으로 참전하다 포로가 되지만 극적으로 풀려나 레지스탕스 활동을 했다.

그의 이력에 특이한 점은 노벨문학상에 선정되었음에도 "어떤 인간도 살아 있는 동안 신성시되길 원치 않는다"라며 거절한 것이다. 또한 정교수직을 제안받았으나 수락하지 않았다. 사르트르는 제도권에 속하는 것을 거부하고 자유롭게 자신의 길을 선택하며 나아갔다. 그는 철학자와 작가로서 인간의 자유와 책임을 탐구하는 실천적 삶을 택했다. 이런 그의 삶을 대변하는 문장이 있다.

"인생은 B(Birth)와 D(Death) 사이의 C(Choice)다."

사르트르는 인간은 태어나는 순간부터 죽음에 이르기까지 끊임없이 선택해야 하며 그 선택을 통해 자신의 존재를 만들어간다고 보았다. 그는 선택을 피하려는 태도조차 하나의 선택이며 그 결과에서 벗어날 수 없다고 강조했다. 사르

3장

고난 앞에 선 나에게, 철학이 건넨 위로

트르에게 삶이란 주어진 조건 속에서 자유롭게 선택하고 그 책임을 지는 인간의 끊임없는 창조적 여정이었다.

사르트르는 자유를 강조했다. 그가 말한 자유는 무한한 가능성을 의미하는 낭만적인 개념이 아니다. 선택과 책임이 결코 분리될 수 없는 실존적 자유였다. 사르트르는 인간이 전적으로 자유로우므로 자신의 운명을 결정해야 하며 선택의 결과에 대한 책임 또한 스스로 져야 한다고 주장했다. 자기 삶의 선택권을 누군가에게 일임하는 이들이 새겨들어야 하는 철학적 사유다. 그는 "인간이란 자유롭도록 선고받은 존재"라고 말하며 인간이 자유를 피하고 싶어 하면서도 선택의 순간을 피할 수 없는 존재임을 강조했다.

"인간은 자유다. 인간은 자유 그 자체다", "자유란 당신에게 주어진 무엇을 가지고 실행하는 것이다", "인간이 존재하는 곳에서 인간을 찾아야 한다. 일하는 곳에서, 가정에서, 거리에서."

자유란 자신의 선택을 통해 삶의 의미를 창조하는 행위이다. 하지만 이 과정은 순탄치 않다. 자유롭게 선택한 삶에는 끊임없는 불안과 고뇌를 동반하기 때문이다. 사르트르는

선택 앞에서 발걸음이 멈춘 것 같다면
사르트르

이러한 불안을 '실존적 불안'이라고 설명한다. 실존적 불안은 인간이 자신의 무한한 자유와 선택의 책임을 자각할 때 느끼는 근원적 감정이다. 사르트르는 불안을 회피하지 않고 정면으로 마주해야만 진정한 자아를 발견할 수 있다고 보았다. 불안은 실패와 실수에 대한 두려움에서 비롯되지만, 동시에 자신이 선택을 통해 삶의 의미를 새롭게 창조할 수 있음을 깨닫는 중요한 순간이기도 하다.

사르트르는 선택을 통해 인간이 본질을 만들어간다고 주장하며 "존재는 본질에 앞선다"라고 선언했다. 이는 인간이 태어날 때 이미 정해진 본질이 있는 것이 아니라, 자신의 선택과 행동을 통해 자신의 본질을 형성한다는 의미다. 타인이나 사회가 부여하는 역할에 안주하지 않고 자신의 가치와 목표를 설정하며 주체적인 삶을 살아가는 것이 사르트르 철학의 핵심이다.

하지만 스스로 선택하는 것이 결코 쉽지 않다. 이런 우리 삶을 간파하듯 사르트르는 사람들이 선택의 부담을 피하려고 '나쁜 신앙Bad Faith -자기기만'에 빠진다고 지적했다. 스스로가 선택할 자유가 없다고 믿으며 외부 요인이나 타인의

3장
고난 앞에 선 나에게, 철학이 건넨 위로

기대에 자신의 삶을 맡기는 태도를 의미한다. 나쁜 신앙은 책임을 회피하는 심리적 도피처이지만 결국 자신의 삶을 포기하는 결과를 낳는다.

사르트르는 진정한 자유란 자신이 처한 현실을 직시하고 그 안에서 선택의 가능성을 찾아 자신을 만들어가는 것이라고 강조했다. 아무리 어려운 상황일지라도 결단을 통해 자기 운명을 개척하며 나아가야 하는 존재임을 이야기한다. 곧 선택은 곧 삶의 본질이며 그 책임을 수용할 때 인간은 비로소 자유로운 존재로 거듭난다는 것이다.

다양한 삶의 길과 수많은 선택지 앞에서 하나를 결정하는 일은 쉽지 않다. 그럼에도 우리는 스스로 선택해야 한다. 선택의 무게를 받아들이고 그 결과에 책임을 지는 태도 속에 진정한 자유가 깃들어 있기 때문이다. 인간은 삶과 죽음 사이에서 끊임없이 선택하며 그 과정을 통해 자기 삶에 의미를 부여하는 존재다.

선택으로 나를 완성하는 법

우리는 매일 수많은 갈림길 앞에 선다. 크고 작은 선택이 모

 선택 앞에서 발걸음이 멈춘 것 같다면
사르트르

여 지금의 나를 만들었고, 앞으로의 나를 결정할 것이다. 어떤 길을 가야 할지 확신이 서지 않을 때도, 그 순간을 피하지 않고 마주하는 것이야말로 삶의 주인이 되는 첫걸음이다.

첫째, 지금의 나와 내 삶을 온전히 받아들이는 것부터 시작하자. 사르트르가 말한 '실존적 책임'은 현실을 회피하거나 부정하는 데서가 아니라, 주어진 조건을 있는 그대로 수용하는 데서 출발한다. 수용은 체념이 아니다. 오히려 현재를 인정할 때, 그 안에서 새로운 가능성을 발견하고 자기 삶을 다시 써 내려갈 여지가 생긴다. 지금의 나를 인정하는 순간, 우리는 본질을 스스로 창조하는 자유로운 존재로 한 발 나아간다.

둘째, 선택이 주는 불안을 기꺼이 받아들이자. 불안은 자유의 그림자이며, 선택의 책임을 자각할 때 자연스럽게 찾아온다. 사르트르는 "불안이란 자유가 느끼는 현기증"이라 했다. 불안을 피하려고만 하면 우리는 안전한 틀 속에 갇혀 성장의 기회를 잃는다. 오히려 불안을 성찰과 결단의 신호로 여기고, 그 에너지를 더 나은 선택을 만드는 힘으로 바꾸자.

3장
고난 앞에 선 나에게, 철학이 건넨 위로

셋째, 결정의 순간에서 도망치지 말자. 회피 역시 하나의 선택이며, 그 결과는 결국 자신이 감당해야 한다. 타인의 기대나 상황 탓으로 숨는 대신, 자신의 의지로 방향을 정하는 용기가 필요하다. 선택의 무게는 두렵지만, 그 과정을 통해서만 우리는 진정으로 나다운 삶을 만들어갈 수 있다.

넷째, 한 번의 선택으로 삶이 완성된다고 믿지 말자. 인생은 연속된 선택의 흐름 속에서 조금씩 형태를 갖춘다. 잘못된 선택도, 주저한 결정도 모두 다음 선택을 더 나은 것으로 만드는 밑거름이 된다. "모든 것이 해결되어 왔다. 사는 법 빼고는." 이 말을 마음에 새기고, 멈추지 말고 계속 선택하며 나아가자. 선택과 성찰의 반복 속에서만 우리는 자기만의 삶을 완성해 갈 수 있다.

그러니 선택 앞에서 망설이는 순간에도 기억하자. 삶은 완벽한 답을 찾는 시험지가 아니라, 스스로 써 내려가는 원고라는 것을. 정답을 기다리며 멈춰 서 있기보다 불완전하더라도 한 줄 한 줄 적어나가야 완성에 다가갈 수 있다.

 선택 앞에서 발걸음이 멈춘 것 같다면
사르트르

오늘을 바꾸는 철학 한 줄

- 인생의 참된 가치는 때로 위험을 감수할 때 드러난다.

- 우리는 결국, 스스로 그렇게 되기로 선택한 그 사람이 된다.

- 고독은 우리가 어떤 모습으로 살아갈지를 스스로 결정해야
  하는 과제를 안겨준다. 그 과정에는 피할 수 없는 불안이 따
  른다.

- 많은 것을 바꾸고 싶다면 먼저 많은 것을 기꺼이 받아들여라.

- 사람은 자신을 어떻게 생각하느냐에 따라 규정될 뿐 아니라,
  무엇을 바라느냐에 따라서도 변해간다.

나만의 깨달음 한 줄

3장

고난 앞에 선 나에게, 철학이 건넨 위로

마음의 방황을 멈추고 싶다면

아우구스티누스

나도 어찌할 수 없는 마음의 방황

마음이 갈피를 잡지 못하고 흔들릴 때가 많다. 어떤 결정을 내려야 할지 알 수 없거나 선택한 길이 맞는지 확신하기 어려우면 방황하기 마련이다. 지난 삶에 대해 후회가 넘칠 때도 마음의 방황은 깊어진다. 과거의 선택이 현재의 고통을 초래했다고 느낄수록 방황은 길어진다.

우리는 더 나은 삶을 갈망하지만 복잡한 삶의 변수를 모두 통제할 수 없기에 불안과 혼란을 겪는다. 계획과 현실이 어긋나거나 기대와 결과가 다를 때도 마음은 방황하기 시작한다. 나도 어찌할 수 없는 마음의 방황으로 괴로워하고 있다면 아우구스티누스를 만나보자. 그도 우리처럼 마음의 방황을 겪었지만, 끝없는 성찰로 극복하며 내면의 진리와 평온을 찾아냈다.

아우구스티누스의 자기 성찰과 내적 평화

아우렐리우스 아우구스티누스는 354년, 로마 제국의 누미디아 속주 타가스테에서 태어났다. 어린 시절에는 어머니에게서 그리스도교 교육을 받으며 자랐다. 그의 아버지는 아우구스티누스를 출세시키려는 열망으로 370년에 카르타고 대학에 입학시켰다.

하지만 아우구스티누스는 방탕한 생활에 젖어 살았다. 아버지는 아들의 모습을 보며 깊은 실망에 빠졌다. 안타깝게도 이듬해 아버지는 생을 마감했다. 아버지의 죽음 이후에도 아우구스티누스의 방황은 멈추지 않았다. 372년, 그는 노예 출신의 여성과 동거하며 사생아를 낳는다. 하지만 그 아이는 청소년기(16살)에 세상을 떠나고 만다.

밀라노로 삶의 터전을 옮긴 후에도 마음은 여전히 혼란

스러웠다. 방탕하고 타락했던 지난 삶에 대한 깊은 내적 갈등을 겪은 것이다. 그러던 어느 날, 정원을 거닐고 있는데 마음속에서 울리는 강렬한 소리를 들었다.

"언제까지 그렇게 살아갈 것이냐? 이제 과거의 방황을 떨쳐 버려라."

그 순간, 정원 어디선가 아이들의 목소리가 들려왔다. "어서 집어 들어요. 그리고 읽어요." 깜짝 놀란 그는 곧바로 서재로 들어가 《성경》을 펼쳤다. 그가 펼친 곳은 로마서 13장 13~14절이었다.

"방탕하거나 술 취하지 말고, 음란하거나 다투지 말며, 예수 그리스도로 옷 입고 정욕을 따라 살지 마라."

이 구절은 그의 마음을 깊이 울렸고 그 자리에서 회심을 결심한다. 그날 이후 새로운 삶을 시작한 그는 마침내 '성 어거스틴'으로 불리며 성인의 반열에 올랐다.

아우구스티누스는 마음의 방황을 지난 삶의 반성으로 회복한다. 자기 성찰로 마음의 중심을 잡은 것이다. 그는 방탕했던 과거의 삶을 마주하며 방황했던 이유와 내적 갈등 원인을 분석했다. 그가 깨달은 것은 외적인 것이 아니라 내

 마음의 방황을 멈추고 싶다면
아우구스티누스

면의 정욕과 욕망 때문이라고《고백록》을 통해 자기 고백을
토해 놓는다.

"떳떳하게 결혼한 여자가 아니라, 지각없이 들뜬 내 정
욕이 찾아낸 사람이었다."

한때 그는 세속적 욕망과 쾌락을 삶의 중심으로 삼았다.
하지만 그로 인해 찾아온 공허함과 내적 갈등을 피할 수 없
었다. 학문을 하는 동기도 깊이 성찰했다.

"과거에 내가 배운 학문은 남의 환심을 사기 위한 잔재
주에 지나지 않았기에 나에게 아무런 즐거움을 주지 못했습
니다. 그 시절의 학문은 누군가를 가르치기 위한 것도 아니
고, 그저 대단해 보이려는 것뿐이었습니다."

아우구스티누스는 과거의 잘못된 동기를 부끄러워하는
데 그치지 않았다. 그는 학문의 진정한 목적을 새롭게 깨닫
고 자신의 지적 능력을 더 높은 진리를 탐구하는 도구로 삼
았다. 학문은 더 이상 세속적 명예나 타인의 인정을 위한 수
단이 아니라, 인간 존재의 의미와 신적 진리를 추구하는 길이
라고 여겼다. "진리를 사랑하는 마음이 없다면, 학문은 공허
하다"라는 말은 그가 추구했던 학문의 방향성을 알게 한다.

3장
고난 앞에 선 나에게, 철학이 건넨 위로

아우구스티누스가 마음의 방황을 멈춘 것은 신앙을 통해 영원한 가치를 찾는 것이었다. 한때 마니교라는 이교에 몸담았지만, 회심을 한 후에는 자기 고백을 하며 신과의 관계를 통해 평온을 되찾으려고 했다. 그가 쓴 《고백록》의 서문은 이를 잘 드러낸다.

"우리 마음은 당신 안에서만 안식을 찾습니다."

또한 "믿음 없는 삶은 바람에 날리는 잎사귀와 같다"라며 신앙을 통해 참된 가치를 발견하려고 했다. 그의 신(성부, 성자, 성령)에 대한 간절함을 알게 하는 문장이 있다.

"당신을 기억하게 하소서. 당신을 이해하게 하소서. 당신을 사랑하게 하소서. 이것들이 내 안에 채워지게 하소서."

아우구스티누스는 자신의 한계를 인정하고 신의 은총을 구하며 내적 평화를 되찾았다.

그렇다고 신에게 모든 것을 의탁하지는 않았다. 그는 자유의지를 강조하며 인간이 스스로 올바른 선택을 할 책임이 있다고 보았다. 신의 은총은 필수적이지만, 그 은총을 받아들이는 것은 개인의 몫이라고 본 것이다. 그는 자유의지를 강조하며 이렇게 말했다.

 마음의 방황을 멈추고 싶다면
아우구스티누스

아우구스티누스는 신의 은총으로 내적 평화를 얻을 수 있지만 그 과정은 인간의 자유의지와 도덕적 결단을 통해 이루어진다고 보았다. 내적 평화는 주어지는 것이 아니라 자유의지로 자신의 선택과 성찰을 통해 끊임없이 만들어가야 한다는 것이다.

우리의 삶은 내 의지대로 온전히 흘러가지 않는다. 마음의 방황을 일으키는 요소도 나의 뜻대로 조절되거나 통제되지 않을 때가 많다. 그래도 내적 태도와 반응은 스스로 선택할 수 있다. 그러니 상황을 통제하려고 애쓰기보다는 스스로 내면을 다스리고 더 높은 가치를 향해 나아가도록 힘써보자. 마음의 평온은 세상의 조건이 아니라 자신의 내면을 다스리고 영원한 가치를 추구하는 의지에서 비롯된다.

아우구스티누스의 철학에서 배우는 내적 평온의 길

마음의 방황을 멈추고 싶다면, 그것이 결코 특별한 일이 아님을 알아야 한다. 누구나 예기치 못한 상황과 감정의 소용

3장
고난 앞에 선 나에게, 철학이 건넨 위로

돌이 속에서 방향을 잃는다. 중요한 것은 방황을 피하려 애쓰는 것이 아니라, 그 속을 마주하며 길을 찾아가는 용기다.

첫째, 과거의 나와 화해하는 것부터 시작하자. 잘못된 선택과 실수는 실패가 아니라 배움의 흔적이다. 후회 대신 성찰을, 회피 대신 변화를 선택할 때 비로소 내면은 단단해지고 흔들리지 않는 중심을 세울 수 있다. 지금까지의 길이 완벽하지 않아도 괜찮다. 그것을 인정하는 순간, 새로운 가능성이 열린다.

둘째, 자유의지로 한 선택에 책임을 지자. 삶은 수많은 선택의 연속이고, 그 결과가 오늘의 나를 만들었다. 과거를 인정하고 현재 이 자리에서 더 나은 선택을 하겠다고 결심할 때, 방황은 멈추고 새로운 길이 열린다.

셋째, 외적인 조건에 집착하지 말자. 환경이나 상황은 잠시 위안을 줄 수 있지만, 마음 깊은 곳의 혼란을 없앨 수는 없다. 평온은 외부가 아니라 내면의 태도와 성찰에서 비롯된다.

넷째, 자신의 욕망을 점검하자. 순간의 충동이 아니라 변하지 않는 가치를 향해 나아갈 때, 삶은 더 깊은 의미와

마음의 방향을 멈추고 싶다면
아우구스티누스

방향성을 얻게 된다. 영원한 가치를 붙잡는 순간, 방황은 점차 잦아들고 우리는 자신만의 길을 꿋꿋하게 걸어갈 수 있다.

그러니 마음이 흔들리는 순간에도 기억하자. 방황은 약함의 증거가 아니라, 더 깊은 나를 찾기 위한 과정이라는 것을. 그 과정에서 우리는 한 걸음씩 자신을 완성해 간다. 결국 내면의 평화는 주어지는 선물이 아니라, 매 순간 깨어 있는 선택과 성찰로 빚어가는 삶의 작품이기 때문이다.

3장
고난 앞에 선 나에게, 철학이 건넨 위로

- 나를 괴롭히고 슬프게 만드는 모든 일을 하나의 시련이라 생각하라. 쇠가 불 속에서 달궈질수록 강해지듯 당신의 내면도 시련을 지나며 더욱 단단해질 것이다.

- 짐을 덜어달라 기도하지 말고, 그 짐을 감당할 강한 어깨를 달라 기도하라.

- 사람들은 높은 산과 거센 파도와 넓게 흐르는 강과 밤하늘의 별을 보며 경이로워하지만, 정작 자기 자신에 대해 깊이 성찰하는 일에는 인색하다.

- 물욕에 가까이 갈수록 영혼은 더욱 가난해진다.

- 희망에게는 아름다운 두 딸이 있다. 그들의 이름은 분노와 용기다. 현실이 지금 모습인 것에 분노하고, 그 현실을 마땅히 있어야 할 모습으로 바꾸려는 용기다.

나만의 깨달음 한 줄

마음의 방황을 멈추고 싶다면
아우구스티누스

4장

사람 때문에 힘들 때,
철학이 알려준 관계의 길

사람의 마음을
제대로 읽고 싶다면

라로슈푸코

> "사람의 마음을 읽으려면 말과 표정만 보지 말라. 그 속에 숨은 동기와 욕망을 살피되 의심이 신뢰를 삼키지 않게 조심해야 한다. 자기 마음을 바로 볼 줄 아는 자만이 타인의 마음도 깊이 이해할 수 있다."

마음의 미로를 헤매는 우리에게

사람의 마음은 끝없는 미로와 같다. 아는 길이라고 믿으며 들어서지만 제자리인 경우가 많고 때로는 길을 잃은 채로 헤매기도 한다. 낯선 문 앞에 멈춰 서서 두려움에 발을 떼지 못할 때도 있다. 누구나 한 번쯤은 그 미로 속에서 자신을 잃어본 적이 있다. 가장 가까운 사람의 마음조차 읽는 일이 어렵게 느껴질 때가 한두 번이 아니잖은가.

삶에서 얻는 기쁨과 상처는 결국 사람 사이에서 온다. 관계는 따뜻한 위로가 되기도 하지만, 때로는 차가운 벽으

4장
사람 때문에 힘들 때, 철학이 알려준 관계의 길

로 다가오기도 한다. 그 복잡하고 모순적인 마음의 세계 속에서 우리는 무엇을 보고 어떻게 이해해야 할까?

17세기 프랑스의 철학자 라로슈푸코는 이 질문에 차갑지만 날카로운 답을 준다. 그는 인간의 마음을 해부하듯 들여다보며 진심 속에 숨겨진 욕망과 허영, 두려움을 밝혀낸다. 그의 통찰은 마음의 미로를 헤매는 우리에게 길을 찾는 단서를 발견하게 한다.

라로슈푸코와 함께 읽는 마음의 미로

라로슈푸코는 1613년, 프랑스의 귀족 가문에서 태어났다. 그의 삶은 프랑스 내전(프롱드의 난)과 루이 14세의 절대왕정 시기를 관통한다. 당시 프랑스는 권력의 중심에서 음모와 배신이 극에 달한 혼란의 시대였다. 그는 군인으로 복무하며 프랑스 궁정의 정치적 권력 투쟁에 뛰어들었다.

하지만 성공보다는 실패와 배신의 쓴맛을 더 많이 경험해야 했다. 사랑하는 이를 위해 반란에 가담하지만 감옥에 갇히는 시련을 겪어야 했고 '프롱드의 난'에서는 얼굴에 총탄을 맞기도 했다. 그는 삶으로 인간의 본성과 관계의 복잡

사람의 마음을 제대로 읽고 싶다면
라로슈푸코

성을 경험했다. 이 경험이 인간의 행동 뒤에 숨겨진 진정한 동기를 탐구하는 계기가 되었다.

그는 화려한 궁정 생활의 이면, 그 안에서 펼쳐지는 정치적 음모, 사랑과 배신, 인간의 본성 등을 '잠언Maximes' 형식으로 풀어낸다. 그 당시 파리 문화 살롱에서는 인간의 행동과 심리를 짧은 글(잠언)에 담아내는 게 유행이었다. 인간의 약점과 모순을 꿰뚫는 라로슈푸코의 촌철살인은 《잠언집》으로 출간되었다. 볼테르, 플로베르, 니체, 쇼펜하우어, 톨스토이 등이 애독할 정도로 인기가 있었다.

라로슈푸코는 잠언에서 자주 허영심을 이야기한다. 그는 인간의 행동이 종종 허영에서 비롯된다고 보았다. 그는 다음과 같은 잠언으로 허영심의 본질을 꿰뚫는다.

"우리는 대부분 허영의 꼬임에 넘어가 말수가 많아진다."

"허영심의 종류는 너무 많아서 도저히 헤아릴 수 없다."

"허영은 모든 미덕을 뒤집어엎지는 못할지라도 뒤흔들 수는 있다."

그는 허영심이 단순히 외모나 물질적인 것을 넘어 우리의 행동 전반을 조종하는 강력한 동기라고 말한다. 다른 사

4장
사람 때문에 힘들 때, 철학이 알려준 관계의 길

람을 도울 때도 타인에게 인정받고 싶은 욕망이 마음 한편에 숨어 있다며 "우리의 미덕조차도 종종 허영에서 비롯된다"라고 말했다. 우리가 SNS에서 다른 사람을 도우며 선의를 행할 때조차 그 배경에는 타인의 찬사를 받고자 하는 욕망일 가능성이 크다는 것이다. 타인의 관심을 끌어보려고 불필요한 말을 하거나 과장된 행동을 하는 경우도 허영심에서 비롯된다고 했다.

라로슈푸코는 허영을 이해할 때 비로소 인간관계의 복잡한 미로 속에서 길을 찾을 수 있다고 보았다. 인간의 마음 깊은 곳에 자리 잡은 허영이 다양한 행태로 삶에 나타나기 때문이다. 또한 인간은 자신의 행동과 동기를 있는 그대로 보지 못하고 '자기기만' 속에서 살아간다고 지적한다. 더 고귀해 보이려고 자신을 속인다는 것이다. 그러면서 "우리는 다른 사람을 속이기보다 자신을 속이는 데 더 능숙하다"라고 말한다. 자신이 원하는 대로 자신의 모습을 바라보면 타인의 행동 역시 편향된 방식으로 해석할 가능성이 높다. 그러면 상대의 마음을 온전히 읽어낼 수 없고 의미 있는 관계로 이어지기도 힘들다.

사람의 마음을 제대로 읽고 싶다면
라로슈푸코

"적이 우리 자신보다 더 객관적으로 우리의 품격을 평가할 수 있다."

이 말은 우리가 자신을 바라볼 때 얼마나 왜곡된 시선을 가지는지를 보여준다. 자기기만에 빠진 상태에서는 자기 행동을 과대평가하거나 미화하기 쉽다. 하지만 외부의 냉정한 평가, 특히 적의 비판 속에서 진실을 발견할 수 있다. 그는 이를 통해 우리가 자신을 과도하게 포장하려는 욕구를 자각하고 스스로 객관적으로 바라보는 태도를 가질 것을 강조한다. 이러한 자기 성찰이 타인의 마음을 제대로 이해하고 진정한 관계를 형성하는 데 중요한 시작점이 된다고 말한다.

라로슈푸코는 이기심도 강조한다. 인간의 모든 행동이 궁극적으로는 이기적인 동기에서 나온다고 본 것이다. 다른 사람을 위해 하는 대부분의 선행이 결국 자신을 위한 것이란다. 선의적인 행동이 타인의 인정, 보상, 또는 자기만족에서 비롯된 것임을 암시한다. 이기심을 이해하는 것은 타인의 행동을 더 깊이 파악하고 인간관계의 복잡성을 효과적으로 헤쳐 나가는 데 도움을 준다. 이기심을 인정하는 태도는 타인에 대한 관용과 자신에 대한 성찰로 이어질 수 있다.

4장
사람 때문에 힘들 때, 철학이 알려준 관계의 길

라로슈푸코는 인간의 마음이란 단순히 읽히는 것이 아니라 끝없이 해석되고 받아들여져야 하는 미묘한 풍경임을 일깨운다. 그렇기에 사람의 마음을 이해하는 것이란 완벽한 해답을 찾는 일이 아니라 그 복잡함을 끌어안는 것이라고 볼 수 있다. 허영과 이기심, 모순 속에서도 진심을 발견하려는 노력 자체가 관계를 빛나게 한다. 중요한 것은 우리가 서로를 이해하려는 마음으로 다가가는 순간들이다. 사람의 마음은 종종 불완전하고 흔들리지만 그 틈새에서 빛나는 진심이 관계를 아름답게 만들어준다.

라로슈푸코가 가르쳐주는 마음 읽기의 지혜

라로슈푸코는 사람의 마음을 단순히 읽히는 대상이 아니라, 끝없이 해석되고 이해되어야 하는 복잡한 풍경으로 보았다. 첫걸음은 겉모습 너머를 보는 것이다. 눈앞에 드러난 말과 행동만으로 판단하면 관계는 쉽게 오해로 흐른다. 그 뒤에 숨은 동기와 욕망을 살피되, 지나친 의심으로 신뢰를 훼손하지 않도록 경계해야 한다.

자기기만을 경계하는 것도 중요하다. 자신을 속인 채 타인을 바라보면 그 마음을 왜곡해 해석하게 된다. 진심을 읽기 위해서는 먼저 자신의 내면을 솔직하게 마주하는 용기가 필요하다.

관계에서 통찰만큼 중요한 것은 공감이다. 판단을 서두르기보다 타인의 행동과 감정을 있는 그대로 받아들이고 이해하려는 태도가 마음의 거리를 좁힌다. 인간은 누구나 이기적이라는 사실을 인정하는 것도 필요하다. 이기심을 무조건 비난하기보다 그 속성을 이해하면 불필요한 상처를 줄이고 더 깊은 공감에 이를 수 있다.

또한 사람의 행동을 그가 걸어온 삶의 배경 속에서 바라보자. 성장 과정, 경험, 환경을 알면 그 마음의 결을 더 정밀하게 읽어낼 수 있다. 결국 마음을 읽는 일은 단번에 끝나는 해독이 아니라, 시간과 성찰 속에서 서서히 드러나는 과정이다. 겉모습을 넘어선 시선과 열린 마음으로 걸어갈 때, 관계 속에서도 더 깊고 단단한 신뢰를 쌓아갈 수 있다.

그러니 사람의 마음을 읽는 일은 상대를 조종하거나 우위를 점하기 위한 기술이 아니다. 그것은 나와 타인을 더 깊이 이해하고 불완전함 속에서도 관계를 아름답게 가꾸기 위한 지혜다. 허영과 이기심, 그리고 모순 속에서도 진심을 발견하려는 노력이 결국 우리 자신을 성장시킨다. 마음을 읽는다는 것은 결국 사람을 사랑하는 법을 배우는 과정이기도 하기 때문이다.

 사람의 마음을 제대로 읽고 싶다면
라로슈푸코

오늘을 바꾸는 철학 한 줄

- 자신을 믿을 줄 아는 사람이 타인을 신뢰할 수도 있다.

- 오만함은 누구에게나 있지만, 다만 그것을 드러내는 방식이 다를 뿐이다.

- 욕심은 사람의 눈을 가리기도 하고, 때로는 새로운 시야를 열어주기도 한다.

- 우리는 흔히 허영의 유혹에 이끌려 불필요한 말을 늘어놓는다.

- 잘못을 저지르고도 괴로워할 줄 모르는 사람은, 같은 잘못을 반복하게 마련이다.

나만의 깨달음 한 줄

4장

사람 때문에 힘들 때, 철학이 알려준 관계의 길

말이 닿지 않는 마음까지 전하고 싶다면 | 비트겐슈타인

"말이 자꾸 빗나가고 오해가 쌓일 땐 억지로 더 말하려 들지 말라. 차라리 침묵 속에서 마음을 다듬고, 행동으로 보여주는 게 좋다. 말과 마음과 삶이 하나가 되면, 굳이 말하지 않아도 당신의 진심이 전해질 것이니."

언어의 한계와 관계의 어려움

우리는 말로 관계를 이어간다. 상대가 한 말을 이해하면서 의도를 파악하고 내 생각과 마음을 언어에 담아 전달한다. 하지만 진심으로 전하려 해도 온전히 가닿지 않는 마음들이 있다. 서로를 이어주는 다리가 되어야 할 말들이 잘못 표현되어 걸림돌이 될 때가 있고, 상대의 말을 잘못 해석해 오해의 벽을 만들기도 한다.

그럴 때마다 내 언어의 한계를 절감한다. 말을 이해하고 표현하는 것이 얼마나 어려운 일인지를 말이다. 내 언어의 한계가 내 관계의 한계를 결정한다는 것을 깨닫는다. 관계에 어려움을 겪지 않으려면 언어라는 세계를 확장해야 한다. 그래야 관계라는 미로 속에서 길을 잃지 않을 수 있다.

말 때문에 관계를 맺는 데 힘들어하고 있다면 비트겐슈타인을 만날 필요가 있다. 그는 언어가 단순한 의사소통 도구를 넘어 세상을 이해하고 관계를 맺는 방식의 핵심이라는 것을 가르쳐준다. 그의 철학은 우리가 언어와 관계를 새로운 시각으로 바라볼 수 있도록 돕는다.

언어의 한계가 관계의 한계를 결정한다

루트비히 비트겐슈타인은 1889년, 오스트리아 빈에서 태어났다. 그는 부유한 집안에서 태어나 어려움을 모르고 자랐다. 하지만 마음은 소용돌이 속에서 갈피를 잡지 못했다. 그는 스물세 살에 고백한다. "9년 전부터 끔찍한 고독 속에서 자살을 생각하며 살았다"라고 말이다. 그럼에도 삶의 의지를 놓지 않으며 이렇게 고백한다.

"언제나 비틀거리고, 넘어지고, 다시 일어나길 반복하며 걸어왔다. 그것이 내 삶이었다. 넘어질 때마다 자신을 일으

켜 세우고, 다시 앞으로 나아가려 애썼다. 나는 평생 그래야
만 했다."

삶의 혼란 속에서 그는 철학을 통해 자신의 길을 찾아
갔다.

비트겐슈타인은 제1차 세계대전이 터지자, 질병 때문에
군복무 면제를 받았음에도 자원해 입대한다. 하지만 이탈리
아의 전쟁포로가 되고 만다. 이 시기에 《논리-철학 논고》의
작품을 완성한다. 이 책을 통해 "내 언어의 한계는 내 세계의
한계를 의미한다"라고 말하며 우리가 사용하는 언어가 세상
을 이해하고 구성하는 방식 그 자체라는 것을 보여준다.

언어는 세상을 이해하는 틀이다. 사용하는 단어, 문장,
표현은 단순히 생각을 전달하는 역할을 넘어 우리가 경험
하는 세계의 구조를 만든다. 관계에서도 언어의 틀은 결정
적인 역할을 한다. 상대방과 대화를 나누는 방식, 사용하는
표현, 그리고 말의 맥락을 이해하는 능력은 관계의 깊이와
너비를 좌우한다. 언어의 깊이와 너비에 따라 관계의 깊이
와 너비가 달라지는 것이다. 그래서 나의 언어를 점검해야
한다.

 말이 닿지 않는 마음까지 전하고 싶다면
비트겐슈타인

비트겐슈타인은 '그림 이론'을 통해 언어가 세계를 그려내는 방식을 설명한다. 우리가 사용하는 언어는 우리의 생각과 세계를 구조화하고 표현하는 그림과 같다는 것이다. 이 그림이 명확하지 않거나 왜곡되면 상대방은 내가 표현한 세계를 제대로 이해하지 못하게 된다. 관계에서 오해가 생기는 이유도 바로 언어적 왜곡 때문이다. 자신의 메시지가 제대로 전달되지 않을 때 우리는 관계의 벽을 마주하게 되는 것이다.

예를 들어 친구에게 "오늘은 혼자 있고 싶어"라고 말했을 때 그 의도가 단순히 혼자만의 시간이 필요하다는 의미라면 명확히 전달되어야 한다. 하지만 이를 듣는 친구가 '나와 시간을 보내고 싶지 않다'는 식으로 해석한다면 이는 언어적 왜곡으로 인한 오해다. 이런 경우 관계의 벽이 생기고 불필요한 갈등이 발생할 수 있다. 그래서 자신의 메시지를 명확하게 표현하고 상대방의 이해를 확인하는 노력이 필요하다.

비트겐슈타인의 핵심 철학에서 중요한 개념은 '말할 수 있는 것'과 '말할 수 없는 것'의 구분이다. 그는 《논리-철학

논고》에서 "말할 수 있는 것에 대해서는 명료하게 말하고, 말할 수 없는 것에 대해서는 침묵해야 한다"라고 썼다. 언어의 경계를 명확히 해야 한다는 주장이다. 언어로 표현할 수 없는 영역에 대해서는 깊은 고민과 성찰이 필요하다는 의미이다.

'말할 수 있는 것'은 언어를 통해 명확히 표현하고 이해할 수 있는 영역이다. 사실적이고 논리적으로 설명 가능한 것들이다. '오늘 날씨는 맑다'라든가 '신호등이 빨간불일 때는 멈춰야 한다'와 같이 누가 들어도 오해가 없는 명료한 언어를 의미한다.

'말할 수 없는 것'은 철학적 문제들이라고 비트겐슈타인은 말한다. 우리의 삶에서는 언어로 온전히 표현할 수 없는 감정, 가치, 초월적 경험 등을 의미한다. 예를 들어 누군가를 사랑하는 마음을 "좋아해"나 "보고 싶었어"라고 표현하지만 그 감정의 깊이나 복잡함은 언어에 온전히 담기지 않는다. 해석에 따라 그 의미도 천차만별로 다가온다. '미안해', '고마워', '아름다워'와 같은 말은 듣는 사람에 따라 다른 그림이 그려질 수밖에 없다. 내가 전하는 언어에 서로 다른 그림

말이 닿지 않는 마음까지 전하고 싶다면
비트겐슈타인

이 그려지면 관계에 금이 갈 수밖에 없다. 그래서 비트겐슈타인은 말할 수 없는 것에 대해서는 침묵하는 편이 더 좋다고 말한다.

그렇다고 말할 수 없는 것에 영원히 침묵하며 살 수는 없다. 삶의 의미와 행복, 성장과 성숙은 어쩌면 말할 수 없는 것들로부터 비롯되기 때문이다. "사랑해"라는 말 한마디로 삶의 피로가 풀리고 자기 존재 이유가 생성되지 않는가. "당신이 최고야"라는 한마디가 전쟁터 같은 삶의 현장으로 씩씩하게 나아가게 하는 동력이 되니 말이다. 이 말이 힘이 되는 이유는 그 말에 담긴 의미를 똑같이 받아들이기 때문이다.

문제는 같은 언어를 사용해도 각자의 해석이 다를 때이다. 동상이몽이 되면 관계에 금이 갈 수 있다. 이럴 때는 애써 말하려고 하지 말고 침묵하자. 대신에 삶으로 보여주자. "미안해"라는 말 대신 미안한 일을 만들지 않도록 삶으로 증명해 보이는 것이다. 사랑하는 마음, 고마운 마음, 미안한 마음을 삶으로 보여줄 때 아름다운 관계가 형성된다. 말과 행동이 하나가 될 때 비로소 의미 있는 관계의 끈을 이어갈 수 있다.

비트겐슈타인의 철학은 말의 한계를 넘어 관계의 본질을 깨닫게 한다. 내 언어의 한계가 내 관계의 한계를 만드는 것이다. 그러니 말을 제대로 하자. 말이 닿지 못할 때는 침묵으로 진심을 채우고, 침묵으로도 부족할 때는 삶으로 마음을 전하자. 삶으로 전하는 마음이야말로 관계를 깊게 만드는 힘이다.

비트겐슈타인에게 배우는 언어의 지혜

말은 단순히 소리를 전달하는 수단이 아니라, 관계를 이어주는 다리이자 마음을 담는 그릇이다. 그러나 그 다리가 불분명하거나 그릇이 비뚤면, 마음은 온전히 건너가지 못한다. 그러니 먼저 말의 명확성을 높여야 한다. 내가 전하려는 메시지가 상대에게도 같은 의미로 전달되도록, 모호함을 걷어내고 구체적이며 이해하기 쉬운 언어를 쓰는 것이다. 이렇게 하면 불필요한 오해의 벽을 줄일 수 있다.

또한 상대의 언어를 이해하려는 노력이 필요하다. 사람마다 말하는 방식과 표현의 결이 다르다. 그 차이를 존중하

말이 닿지 않는 마음까지 전하고 싶다면
비트겐슈타인

고 맥락 속에서 의미를 파악해야 마음까지도 정확히 읽을 수 있다. 말이 이해되어야 비로소 마음도 이해할 수 있기 때문이다.

더 나아가 말할 수 없는 영역을 존중하고 때론 침묵하는 태도를 가져야 한다. 억지로 꺼낸 말은 진심을 왜곡시키기 쉽다. 침묵이 오히려 더 깊은 메시지가 될 수 있음을 인정하고, 말로 채우기 어려운 순간엔 행동과 시간으로 전하는 것이다.

관계의 온도를 높이는 또 다른 방법은 지적과 충고보다 인정과 칭찬을 선택하는 것이다. 지적은 방어적인 태도를, 칭찬은 열린 마음을 만든다. 긍정의 언어는 상대를 단단하게 하고, 관계를 부드럽게 만든다.

마지막으로 마음과 말과 삶이 일치되는 태도를 가져야 한다. 말은 마음에서 나오고, 마음은 삶의 태도에서 비롯된다. 진심 어린 마음이 먼저여야 진정성 있는 말이 나오고, 그 말대로 살아갈 때 관계는 깊어진다. 말과 삶이 하나가 될 때, 언어의 한계를 넘어서는 진정한 신뢰가 쌓인다.

말과 행동, 내면이 조화를 이루면 우리는 더 이상 말에 의존하지 않아도 된다. 존재 자체가 메시지가 되고, 침묵조차도 설득력이 있게 된다. 그렇게 살아갈 때, 우리는 비로소 말이 닿지 않는 곳까지 마음을 전할 수 있는 사람으로 성숙해진다.

 말이 닿지 않는 마음까지 전하고 싶다면
비트겐슈타인

- 타인의 아주 작은 상처나 사소한 잘못을 망원경으로 들여다보듯 과장해 너무 크다고 말하지 마라. 반대로 망원경을 거꾸로 들이대듯, 자신의 잘못을 작게 축소해 별것 아닌 사소한 일이라 말하지 마라.

- 한 가지 사고방식만 고집한다면 그 사고방식이 허락하는 인생밖에 살 수 없다.

- 내가 전한 말이 상대에게 온전히 닿지 않는다면, 어떻게 표현할지를 먼저 고민해야 한다.

- 우리는 종종 말을 내뱉은 뒤에야 그 말이 얼마나 참된 것이었는지를 깨닫는다.

- 전하고 싶은 이미지나 의도가 있어도 말로는 도저히 다 담을 수 없는 순간이 있다. 말이라는 그릇은 그토록 작다. 그럼에도 우리는 결국 말로 전할 수밖에 없다.

나만의 깨달음 한 줄

4장
사람 때문에 힘들 때, 철학이 알려준 관계의 길

혼란한 시대를 이기는 리더가 되려면 | 한비자

"세상이 아무리 요동쳐도 자네 마음의 중심을 잃진 말게. 법처럼 공정한 기준을 세우고, 권위는 신뢰 위에 쌓으며, 술처럼 유연한 전략을 품게. 그렇게 하면 혼란도 자네 손에서 기회로 바뀔 걸세."

기술의 진보로 더 복잡해진 우리의 삶

AI 기술이 매일, 경계를 넘어 새로운 세상을 선보이고 있다. 상상속의 일들이 현실이 되는 세상이 되었다. 그로 인해 생활은 편리해졌지만 삶은 더욱 복잡해지고 기술의 변화를 따라잡기 어려워졌다. 새로운 일자리가 생겨나는 동시에 기존의 일자리는 빠르게 사라진다. 단순 반복 노동이나 패턴을 읽어낼 수 있는 일은 AI로 대체되고, 지식과 정보도 흘러넘친다. 그렇지만 그 속에서 진실을 찾기는 더욱 어려워졌다.

기술이 주도하는 혼란 속에서 길을 잃지 않기 위해서는

리더의 역할이 더욱 중요해졌다. AI가 지식을 제공할 수는 있지만 올바른 결정을 내리고 사람들을 공정하게 이끌어가는 일은 인간이 해야 하기 때문이다. 지금처럼 복잡하고 혼란한 시대에 어떤 리더십이 필요한지 궁금하다면 한비자로부터 답을 구하면 된다.

혼란한 시대의 리더, 한비자에게 배우다

한비자는(기원전 280~233년) 전국시대 한韓나라 귀족 가문에서 태어났다. 덕분에 어린 시절부터 책을 가까이할 기회가 많아 학문과 문장력이 탁월했다. 하지만 그는 말더듬이라 왕들에게 유세(자신의 주장을 정책으로 써 달라고 왕들에게 선전하고 설득하는 것)를 할 수 없었다. 그래서 글로 자신의 사상을 풀어냈다. 법가法家사상을 바탕으로 부국강병을 목표로 하는 책을 집필한 것이다. 당시는 유가사상이 주를 이루었기에 법가사상은 생소했다. 그렇지만 진시황은 그 글을 토대로 정치를 했고 천하를 통일할 수 있었다.

한비자의 철학은 이성적이고 냉철하다. 법가는 법에 의한 통치를 추구한다. 그는 인간은 본질적으로 이기적이며,

4장
사람 때문에 힘들 때, 철학이 알려준 관계의 길

이익을 추구하는 존재라는 점을 강조했다. 〈간겁시신姦劫弑臣〉 편에 나오는 이야기를 보면 이해가 간다.

"편안하고 이로우면 그쪽으로 달려가고, 위험하고 해로우면 그쪽을 피하는 것이 바로 사람의 본성이다."

이 이야기를 토대로 한비자는 리더의 역할을 규정한다. 리더는 도덕과 이상을 강조하는 것보다는 법과 제도를 통해 사람들을 통제하고 권력을 효과적으로 사용할 줄 알아야 한다고 말이다.

한비자의 리더십 철학은 혼란한 시대에 강력한 영향을 끼쳤다. 춘추전국시대는 전쟁과 반란이 빈번하게 일어났고 정치적 혼란이 가득했다. 이러한 시대에 리더가 도덕적 이상에만 의존할 수 없다는 점을 간파했다. 리더는 법과 제도를 통해 엄격한 통치를 실행해야 한다고 보았다. 그러지 않으면 권력은 곧 무너진다는 것이다. 이렇듯 한비자의 철학은 혼란한 시대에 리더가 취해야 할 실질적인 행동과 결단력을 강조한다.

한비자가 강조했던 통치의 중요한 요소는 법法, 세勢, 술術 세 가지다. 한비자는 '법'이 모든 사람에게 공평하게 적

혼란한 시대를 이기는 리더가 되려면
한비자

용되어야 하며 그것을 통해 질서를 유지할 수 있다고 보았다. 현대 사회에서도 법과 규칙의 중요성은 변함없다. 특히 급변하는 시대일수록 명확한 규칙과 원칙이 중요하다. 리더는 조직이 혼란 속에서도 방향을 잃지 않도록 명확한 기준과 규칙을 설정하고 이를 공정하게 적용해야 한다. 핵심은 그것을 모두가 공평하게 지켜내는 것이다. 만약 리더가 내가 하면 로맨스고 남이 하면 스캔들이라는 관점으로 다가간다면, 그 조직이나 단체는 공정과 희망이 설 자리가 없다. 그래서 한비자는 공정한 법 적용을 강조한다.

'세'는 권위와 힘을 의미한다. 한비자는 통치자가 권위를 가져야만 사람들이 따를 것이라고 보았다. 하지만 이 권위는 단순한 권력의 행사와는 다르다. 진정한 리더는 자신의 권위를 바탕으로 사람들의 신뢰를 얻어야 한다. 현대의 리더는 단순히 권력을 행사하는 자가 아니라, 그 권위를 통해 조직의 신뢰를 쌓고 방향을 제시하는 자가 되어야 한다. 특히 불확실한 시대일수록 리더의 권위는 조직 구성원들에게 안정감을 주고 혼란 속에서 흔들리지 않도록 해야 한다.

'술'은 통치의 기술과 전략을 의미한다. 한비자는 리더가

4장
사람 때문에 힘들 때, 철학이 알려준 관계의 길

단지 규칙을 만들고 권위를 세우는 데 그쳐서는 안 되고 상황에 맞는 전략과 전술을 구사할 수 있어야 한다고 보았다. 리더는 사람들의 마음을 이해하고 그들이 어떻게 행동할지를 예측해야 하며 적절한 방법으로 통치할 수 있어야 한다. 오늘날의 리더에게도 이러한 전략적 사고가 필수적이다. 특히 기술과 경제가 빠르게 변화하는 이 시대에는 상황에 맞는 유연한 대처와 전략적 리더십이 필요하다.

한비자의 철학은 그의 시대를 넘어 AI 시대에도 유효하다. 하지만 이를 단순히 권위적이고 냉철한 방식으로만 해석해서는 안 된다. 현대의 리더는 법과 규칙을 따르면서도 인간적인 감성과 공감을 함께 갖춰야 한다. 한비자가 설파한 통치의 냉정한 원칙을 기반으로 사람들의 마음을 이해하고 그들이 처한 현실을 고려하는 리더십을 갖춘다면 혼란한 시대에도 조직을 튼튼히 하는 리더가 될 수 있을 것이다.

혼란의 파도를 기회로 바꾸는 리더의 조건

혼란한 시대의 리더는 단순히 결정을 내리는 사람이 아니라, 변화를 꿰뚫는 눈과 조직을 지탱하는 중심을 가진 사람

혼란한 시대를 이기는 리더가 되려면
한비자

이다. 한비자가 제시한 세 가지 원칙, '법·세·술'은 오늘날
에도 유효하다.

먼저 '법'은 질서를 세우는 나침반이다. 규칙이 공정하게
적용될 때 사람들은 불확실성 속에서도 방향을 잃지 않는
다. 리더는 목표와 기준을 명확히 하고, 자신부터 지켜야 한
다. '내가 하면 괜찮고 남이 하면 잘못'이라는 태도는 조직
의 신뢰를 무너뜨리는 가장 빠른 길이다.

'세'는 존중에서 비롯된 권위다. 자리를 차지했다고 권위
가 생기지 않는다. 원칙을 지키며 결과를 만들어낼 때 신뢰
가 쌓이고, 그 신뢰가 권위를 만든다. 권위 있는 리더는 구
성원들에게 안정감을 주고, 혼란 속에서도 흔들리지 않는
버팀목이 된다.

'술'은 변화에 대응하는 전략과 기술이다. 세상은 끊임없
이 변하고, 한 가지 방식에 매달리는 리더는 곧 한계에 부딪
힌다. 변화를 읽고 전략을 조율하며, 필요할 땐 과감히 수정
할 수 있는 유연함이 필요하다.

그러나 법·세·술은 사람을 잃지 않기 위해 쓰여야 한
다. 의미를 제시해 구성원의 마음을 하나로 모으고, 공정한

규칙으로 신뢰를 세우며, 유연한 전략으로 모두를 지켜내는 것. 여기에 더해 리더는 자신이 가는 길의 끝을 미리 바라볼 줄 알아야 한다. 순간의 이익이 아니라 지속 가능한 미래를 설계하고, 그 비전을 함께 걸어갈 사람들에게 영감을 주는 것이다. 이렇게 방향·기준·전략·사람을 모두 품을 때, 리더는 혼란의 파도를 기회로 바꾸고 세대와 시간을 넘어 조직을 이끄는 진정한 지도자가 된다.

혼란한 시대를 이기는 리더가 되려면
한비자

<h1 style="text-align:center">오늘을 바꾸는 철학 한 줄</h1>

- 넓은 바다는 작은 시냇물도 버리지 않았기 때문에 그토록 넉넉해진 것이다.

- 만족할 줄 알면 수치를 당하지 않고, 멈출 줄 알면 위험한 일을 당하지 않는다.

- 아는 것은 어렵지 않다. 아는 것을 시의적절하게 실천하는 것이 어렵다.

- 불을 끄는 데 관리가 직접 물 항아리를 들고 불이 난 곳으로 달려간다면 그것은 한 사람 몫의 일밖에 하지 못한 결과가 되지만, 채찍을 들고 사람을 지휘한다면 많은 사람을 동시에 부릴 수 있는 것이다.

- 태산에 걸려 넘어지는 사람은 없다. 넘어지게 하는 것은 작은 흙무더기다.

<h2 style="text-align:center">나만의 깨달음 한 줄</h2>

4장

사람 때문에 힘들 때, 철학이 알려준 관계의 길

"사람 사이가 버겁다고 너무 멀리 달아나진 말기를. 한 걸음 물러서서 상대의 마음을 들어주고, 나만의 경계도 지키자. 그렇게 거리를 조율하다 보면, 관계는 나를 소모하는 짐이 아니라 서로를 빛나게 하는 힘이 될 테니."

위안이 아닌 불안이 된 관계

일보다는 관계에서 어려움을 토로하는 사람들이 많다. 관계가 무거운 짐처럼 느껴지기 때문이다. 매일 수많은 사람과 마주하지만 정작 진심을 나눌 수 있는 시간은 많지 않다. 지나친 경쟁으로 사람들은 서로를 믿기보다 경계하고, 함께 성장하기보다 비교하며 소외감을 느끼기 쉽다. 소셜 미디어로 빠르고 간편하게 소통하고 얕은 대화가 주를 이루다 보니 점점 더 고립감을 느끼는 사람도 많다.

심지어 가까운 이들과의 대화 속에서도 외로움이 스며

든다. 진심을 나누고 싶은 순간에도 보이지 않는 벽을 마주할 때가 있다. 관계의 기쁨보다는 피로감을 더 크게 느끼며 사는 것이 우리가 마주한 현실이다. 관계가 위안이 아닌 불안이 된 시대에 그라시안의 철학은 우리에게 돌파구를 제시한다.

사람의 마음을 얻는 지혜

발타사르 그라시안이 살았던 17세기 스페인은 오늘날 우리가 마주한 현실과 놀랍도록 닮아 있다. 당시 스페인은 전쟁과 정치적 불안정 속에서 흔들리며 유럽 강대국으로서의 자리를 지키기 위해 여러 전쟁에 휘말려 있었다. 사회는 긴장과 혼란으로 가득했다. 사람들은 복잡한 시대를 살아남기 위한 지혜와 처세술을 갈망했다. 그라시안은 이러한 시대적 배경 속에서 지혜롭게 살아가는 법을 제시했다. 그의 저서 《사람을 얻는 지혜》는 인간관계의 본질을 꿰뚫는 통찰로 가득했다.

그라시안이 강조한 인간관계의 핵심은 지혜롭고 전략적인 처신이다. 그는 사람을 이해하고 상황에 맞게 현명하게

4장
사람 때문에 힘들 때, 철학이 알려준 관계의 길

활용하는 능력을 중요하게 여겼다. 이것은 조금 냉정하고 계산적으로 들릴 수 있다. 하지만 그는 이를 인간 사회의 본질적 속성으로 보았다. 사람의 마음를 얻는 것도 자신의 가치를 높이고 돋보이기 위한 수단이 될 수 있다고 본 것이다.

그의 이러한 조언은 단순한 처세술에 머무르지 않는다. 그의 철학은 냉철하면서도 현실적이다. 그는 인간관계에서 가장 중요한 것은 적절한 거리라고 말했다.

"별이 찬란하게 빛날 수 있는 이유는 지구와의 적당한 거리 덕분이다."

그는 이러한 비유를 통해 적당한 거리가 아름답고 건강한 관계를 유지하는 비결임을 강조했다. 너무 가까워지면 상처를 받기 쉽고 너무 멀어지면 마음이 단절되는 인간관계의 본질을 꿰뚫어 본 것이다.

그라시안은 자신을 분리할 줄 아는 능력도 키우라고 말했다. 일이나 사람들과의 관계 속에서 자신을 지킬 줄 알아야 한다는 것이다. 남의 일에 너무 깊이 개입하지 않고 반대로 타인의 간섭에도 휘둘리지 않도록 행동하는 것. 이것이 그가 말한 지혜로운 처신이다. 타인의 기대에 끌려다니

지금, 관계로 힘들어하고 있다면

그라시안

지 않고 자신의 가치를 잃지 않으려면 건강한 경계가 필요하다. 이는 단지 자신을 보호하기 위한 것이 아니다. 더 깊고 진정성 있는 관계로 발전하기 위한 방법이다. 상대를 존중하면서도 자신을 지키는 것이야말로, 관계에서 상처를 최소화하고 신뢰를 쌓을 수 있는 길이기 때문이다.

그라시안은 거절하는 법도 배우라고 조언한다. 관계 속에서 어려움을 겪는 사람들의 공통점은 거절을 두려워한다는 것이다. 상대의 요구를 거절하지 못하고 억지로 받아들이면서 관계의 균형이 무너지곤 한다. 적절한 거절은 나 자신을 지키고 상대와의 관계에서 균형을 유지하는 데 필수적이다. 상대방의 마음을 얻는 지혜는 단지 상대를 만족시키는 데서 끝나지 않는다. 오히려 상대의 진정한 욕구를 이해하면서 그 속에서 자신을 지킬 줄 아는 능력에 달려 있다.

그라시안의 철학은 오늘날에도 깊은 울림을 준다. 고립과 외로움 속에서 인간관계가 위안이 아닌 불안의 원천이 되어버린 시대에 그의 지혜는 우리가 스스로를 잃지 않고 타인의 마음에 다가가는 방법을 알려준다. 단순한 처세술이 아닌 상대방과의 진정한 연결을 통해 의미 있는 관계를 맺

4장
사람 때문에 힘들 때, 철학이 알려준 관계의 길

는 법이다. 그의 지혜를 삶에 덧입힌다면 관계 속에서 더 이상 피로와 불안을 느끼지 않고 위로와 성장을 경험할 수 있을 것이다.

서로를 빛나게 하는 관계의 기술

그라시안의 지혜는 관계를 피하지 않고도 지키는 법을 알려준다. 먼저, 상대의 입장에서 생각하는 연습이 필요하다. 관계가 틀어지는 순간 대부분은 내 시선과 판단만으로 행동했을 때다. 한 걸음 물러서서 상대의 욕구, 감정, 상황을 헤아려보면 불필요한 오해를 줄이고 유연한 대응이 가능하다. 그라시안은 이런 사려 깊음이 신뢰를 쌓는 초석이라고 보았다.

상대와의 적정한 경계의 선을 세우는 것도 중요하다. 선이 없는 관계는 쉽게 침범당하거나 휘둘린다. 일과 감정에서 어디까지 허용할지를 미리 정하면, 나를 지키면서도 관계를 건강하게 유지할 수 있다. 경계는 벽이 아니라 서로를 존중하는 울타리다.

상대의 의견에 귀 기울이는 태도를 잊지 말아야 한다.

지금, 관계로 힘들어하고 있다면
그라시안

경청은 그 자체로 존중의 표현이다. 상대가 존중받고 있다고 느끼는 순간, 그 마음은 다시 나에게 돌아와 관계를 단단하게 만든다. 말보다 먼저 마음을 들어주는 것이 관계의 신뢰를 깊게 한다.

적정한 거리도 필수다. 너무 가까우면 상처를 주고, 너무 멀면 마음이 식는다. 별이 빛을 잃지 않는 것은 거리가 적당하기 때문이라는 그라시안의 말처럼, 관계에도 숨 쉴 공간을 남겨두는 것이 아름다움을 지킨다.

거절의 지혜를 배워야 한다. 거절은 관계를 끊는 행위가 아니라 나와 상대 모두를 지키는 선택일 수 있다. 자신의 가치와 우선순위가 명확하면 불필요한 부탁에도 단호하되 예의 있게 응답할 수 있다. 그라시안은 이렇게 말한다.

"올바른 거절은 관계를 해치는 것이 아니라 오히려 오래 지키게 한다."

이 다섯 가지는 단순한 처세술이 아니라 나를 잃지 않고도 타인의 마음에 다가가는 법이다. 오늘부터 하나씩 실천해 본다면 관계는 더 이상 불안의 원천이 아니라 서로에게 힘이 되는 버팀목이 될 것이다.

4장
사람 때문에 힘들 때, 철학이 알려준 관계의 길

결국 관계는 나와 타인이 함께 그려가는 한 폭의 그림과 같다. 서두르지 않고, 선을 넘지 않으며, 서로의 색을 존중할 때 비로소 조화로운 작품이 완성된다. 그라시안이 전한 지혜는 나를 지키며 타인과 함께 성장하는 삶의 태도다. 오늘 당신이 세운 작은 경계, 귀 기울인 한 번의 경청, 용기 있는 거절이 모여 내일의 관계를 더욱 단단하게 만들 것이다. 그리고 그 과정에서 관계는 당신을 소모하게 만드는 짐이 아니라 서로를 빛나게 하는 힘으로 변할 것이다.

지금, 관계로 힘들어하고 있다면
그라시안

오늘을 바꾸는 철학 한 줄

- 그대의 마음을 믿어라. 확신이 서면 더 확고하게 믿어라. 마음은 종종 중요한 것을 미리 알려주기 때문이다.

- 험담하지 마라. 남을 험담하면 결국에는 자신의 험담도 듣게 된다.

- 자제력을 키워라. 순조롭게 살아가는 사람이 순간적인 분노와 환희로 곤란을 겪을 수 있다. 때로는 순간적인 분노가 평생의 수치로 남는다.

- 들려오는 말을 주의해서 들어라. 진실은 대부분 눈에 보이지 귀로 들리지 않는다.

- 조급하지 마라. 어리석은 사람은 매사에 조급하다.

나만의 깨달음 한 줄

4장
사람 때문에 힘들 때, 철학이 알려준 관계의 길

> "소통이란 말재주가 아니라 마음을 여는
> 용기에서 시작된다. 있는 그대로의 자신
> 을 드러내고, 상대도 있는 그대로 받아
> 들일 때 비로소 서로의 고독을 잇는 진짜
> 대화가 시작되는 법이다."

소통의 빛과 그림자

인간은 소통하며 삶을 이어간다. 말과 글로 생각을 전하고 표정과 몸짓으로 마음을 드러낸다. 소통을 통해 우리는 타인과 연결되고, 이해받으며, 때로는 자신을 더 깊이 알게 된다. 특히 현대 사회는 기술의 발전으로 소통의 속도와 범위가 확장되었고, 이는 경계를 넘어 더 많은 사람들과 연결되고 공감할 수 있는 가능성을 넓혀주었다.

하지만 소통 때문에 고통을 느끼는 사람도 많아졌다. 끊임없이 연결된 세상 속에서 오히려 고립감을 느끼고 끝없는 대화와 정보의 홍수 속에서 피로감에 지쳐 있다. 때로는 마음의 상처로 타인과의 관계를 두려워하고 진정한 소통을 회피하며 자신을 점점 더 깊은 외로움 속에 가두기도 한다.

이럴 때 마주해야 할 철학자는 야스퍼스다. 그는 소통을 단순한 대화가 아닌, 서로의 존재를 깊이 마주하는 실존적 만남으로 보았기 때문이다.

야스퍼스, 소통을 통해 존재의 깨달음을 얻다

카를 야스퍼스는 1883년, 독일 올덴부르크에서 태어났다. 그의 이력은 여느 철학자와 달랐다. 처음에는 법학을 공부했으나 곧 흥미를 잃고 의학으로 전공을 바꾸었다. 정신분석학과 심리학을 거쳐 결국 철학에 입문했다. 1921년 하이델베르크 대학에서 철학 교수가 되었으나 아내가 유대인이라는 이유로 나치 정권에 의해 강제 은퇴당했다. 그럼에도 아내를 끝까지 지켜냈다. 전쟁이 끝난 후 1948년에는 스위스 바젤 대학으로 옮겨 철학 강의를 이어갔다.

야스퍼스는 '소통'을 인간 존재의 핵심으로 보았다. 그는 소통을 자신의 '실존'을 자각하고 타자와 '존재적 만남'을

사람 때문에 힘들 때, 철학이 알려준 관계의 길

이루는 철학적 행위로 정의했다. 실존주의 철학자답게 소통도 실존주의 관점으로 접근했다. 야스퍼스는 실존적 소통을 위해 몇 가지 요소가 필요하다고 보았다.

먼저 자기 개방의 용기가 필요하다. 자신의 약점과 고통을 드러낼 용기가 필요하다는 주장이다. 야스퍼스는 인간이 '경계 상황', 즉 죽음, 고통, 죄책감 같은 극한 상황을 마주할 때 자신의 실존을 직면한다고 보았다. 자기 개방은 단순히 약점을 노출하는 것을 넘어, 자신의 가장 연약한 부분을 인정하고 타인에게 내보일 수 있는 존재의 용기를 의미한다. 이러한 태도는 자기방어와 위선을 내려놓고 자신을 있는 그대로 '수용'하는 데서 시작된다.

상대방의 존재를 있는 그대로 받아들이고 자신의 존재도 솔직하게 드러내는 개방적 만남도 중요하다. 진정한 소통은 상호 존중과 수용을 통해 이루어진다. 야스퍼스는 "나는 상대방이 그 자신으로 있는 그만큼 나 자신으로 있다. 그리고 상대방이 자유로운 만큼 나도 자유롭다"라고 말했다. 소통은 서로를 자유로운 존재로 바라보고 마주하는 인간적 행위다. 우리는 종종 타인을 능력, 지위, 학벌 등으로 정의

깊이 있는 소통을 원한다면
야스퍼스

하려는 경향이 강하다. 하지만 야스퍼스는 이러한 기준에서 벗어난 만남을 강조했다. 상대방의 본질적 가치를 조건 없이 인정하고 수용하는 태도에서 실존적 소통이 시작된다.

공감도 필수다. 상대의 감정과 생각을 깊이 이해하려는 진심 어린 태도가 필요하다. 공감은 단순히 타인의 감정을 동정하거나 피상적으로 이해하는 것을 넘어서, 상대방의 내면세계를 깊이 헤아리고 그 경험에 진정으로 반응하는 능동적 태도를 의미한다. 야스퍼스에게 공감은 실존적 소통의 필수 조건으로 타인의 고통과 기쁨을 자신의 문제처럼 느끼고 반응하는 인간적 능력이다.

마지막으로 초월적 연결이 필요하다. 이는 타인을 통해 자신의 존재를 깨닫는 경험을 의미한다. 야스퍼스는 인간이 자신을 이해하는 과정이 타인과의 관계를 통해 가능하다고 보았다. 그는 "죽지 않고 자신을 창조하기 위해 각 존재는 다른 존재를 만날 필요가 있다"라며 타인과의 만남이 인간 실존의 필수 조건임을 강조했다. 인간은 고립된 상태에서는 자신의 한계와 가능성을 온전히 자각할 수 없으며 타인과의 관계 속에서만 자신의 존재 의미를 발견하고 새로운 자아로 변화할 수 있다는 것이다.

야스퍼스는 고독한 환경에서 소통의 철학을 길어 올렸다. 그는 "나의 소통 철학은 현대의 모든 노력 중 가장 고독한 것이 아닌가?"라며 스스로 고독한 사람이 되었다. 그래서인지 아무리 고독해도 소통을 포기하지 말라고 조언한다.

"나는 소통을 시작하지 않고서는 나 자신이 되지 못하며, 고독하지 않고서는 소통을 시작하지 못한다."

야스퍼스는 자기 고독을 직면하는 용기가 있어야만 타인과 진정한 소통이 가능하다고 보았다. 자신의 고독을 인정하지 않으면 의존적 관계에 머물게 되고, 소통은 피상적일 수밖에 없다는 것이다. 그래서 같은 메시지를 반복적으로 말했다.

"실존적인 소통은 두 존재의 고독 사이에 다리를 놓는다. 그러나 이 다리가 견고한 까닭은 근본적으로 혼자임을 두려워하지 않는 두 존재를 이어주기 때문이다."

야스퍼스에게 소통은 고독을 극복하는 도피처가 아니라, 고독을 직면하고 그것을 넘어설 수 있는 인간적 용기에서 시작된다. 그는 자기 자신을 직시하고, 타인을 도구적 수

     깊이 있는 소통을 원한다면
야스퍼스

단이 아니라 존재 자체로 바라볼 수 있는 마음의 개방성을 강조했다.

소통은 완전한 이해가 아니라 이해하려는 끊임없는 노력이다. 우리는 결코 타인을 완벽히 알 수 없다. 완벽하게 소통하기도 어렵다. 그럼에도 불구하고 소통을 멈추지 말아야 한다. 소통은 결과가 아니라 과정이기 때문이다. 완벽한 소통은 없지만, 진심 어린 시도는 할 수 있다. 그 시도가 세상을 조금 더 따뜻하게 만든다. 그러니 실패를 두려워하지 말고 진심을 담아 다시 소통을 시작해 보자.

깊은 소통을 향한 야스퍼스의 조언

야스퍼스가 말한 실존적 소통은 기술이 아니라 태도에서 비롯된다. 무엇보다 먼저, 자기 내면을 직시하는 용기가 없다면 진정한 소통은 불가능하다. 내면의 연약함을 숨기는 순간 관계는 얕아지고 마음의 벽은 점점 두꺼워진다. 자신을 있는 그대로 드러낼 때 비로소 타인과의 진정한 만남이 시작된다. 야스퍼스는 그 의미를 이렇게 말했다. "다른 이가 그대 안으로 들어올까 봐 두려운가? 다른 이와의 만남 없이

4장
사람 때문에 힘들 때, 철학이 알려준 관계의 길

는 결코 자신 안에 머물지 못한다." 타인과의 만남은 나를 향한 여정의 시작이며 내면의 깊이를 발견하고 성장하는 유일한 길이다. 두려움을 내려놓고 마음을 열어보자. 소통의 힘은 있는 그대로의 나로부터 시작된다.

고독을 피하지 말자. 고독을 직면하는 용기가 있어야만 진정한 소통이 가능하다. 고독을 피하려 애쓰지 말고 그 속에서 자신을 깊이 탐구하자. 고독을 통해 얻은 내면의 성찰이야말로 타인과의 깊은 연결로 이끄는 길이다.

상대방을 존중하는 마음도 품어보자. 상대방을 있는 그대로 받아들이는 것이 소통의 출발점이다. 자신의 생각이나 가치를 강요하지 않고 상대방이 스스로 느끼고 선택할 수 있는 여지를 남겨두어야 진정한 대화가 가능하다. "상대방이 자유로운 만큼 나도 자유롭다"라는 야스퍼스의 말처럼, 소통은 상대방을 지배하는 것이 아니라 자유로운 존재들 사이의 상호 인정과 공감에서 이루어진다.

피상적 연결도 경계하자. 피상적 연결은 외로움을 덜어주는 듯하다. 하지만 더 깊은 고립을 부를 수 있다. 빠르게 주고받는 메시지와 짧은 반응은 진정한 감정을 나누는 소통을 대

  깊이 있는 소통을 원한다면
야스퍼스

신할 수 없다. 야스퍼스가 강조했듯이 존재적 만남은 타인의 내면을 마주하고 그 고유한 존재를 느끼는 데서 시작된다. 느리더라도 직접적인 대화와 진심 어린 관심이 깊은 소통의 기반이 된다. 속도보다는 진정성을 우선하도록 해보자.

소통이 힘들어도 끊임없이 시도하자. 소통은 완벽을 추구하는 것이 아니라 이해하려는 지속적인 노력이다. 야스퍼스는 "근본적으로 다시 문제가 될지도 모른다는 위험을 감당하면서 교류할 필요가 있다"라고 했다. 때로는 오해가 생기고 상처받을 수 있지만, 대화 시도 자체가 관계를 유지하고 깊게 만든다. 실패를 두려워하지 말고 진심을 담아 다시 한 걸음 내딛자. 소통을 멈추지 않는 그 용기가 고립을 깨고 새로운 만남을 열어줄 것이다.

마음을 여는 일은 결코 쉽지 않지만, 단 한 번의 용기가 서로의 고독을 잇는 다리가 된다. 비록 완벽하지 않고, 때로는 말이 빗나가더라도 진심으로 이어진 소통은 반드시 서로를 변화시킨다. 당신이 건넨 한마디와 따뜻한 손길은 누군가의 마음을 감싸고, 동시에 당신 안의 고독도 조금씩 녹여줄 것이다. 그렇게 우리는 서서히, 함께 살아갈 힘을 길러간다.

오늘을 바꾸는 철학 한 줄

- 소통을 거부한다는 것은, 나 자신에게조차 나를 드러낼 모든 기회를 놓친다는 뜻이다.

- 소통한다는 것은 나의 근원적 고독을 토대로 타인과 함께 비로소 '나'가 된다는 의미다.

- 피할 수 없는 것과 친해질 때, 행복 또한 피할 수 없게 된다.

- 고통과 실패, 질병과 죽음은 자기 창조를 가장 혹독하게 시험하는 무대다.

- 과거를 넘어서는 유일한 길은 그것을 온전히 용서하는 데 있다.

나만의 깨달음 한 줄

 깊이 있는 소통을 원한다면
야스퍼스

더 나은 내가 되고 싶을 때, 철학이 보여준 길

"세상이 시키는 대로만 살다 보면 어느새 자기 삶을 잃어버리게 됩니다. 잠시 멈춰 서서 '왜 이 선택을 하는지' 자신에게 물어보세요. 그 한 번의 사유가 당신을 남이 아닌 진짜 '자신'으로 살아가도록 만들 거예요."

사유 없는 삶의 위험

삶은 선택의 연속이다. 순간마다 내가 선택한 대로 삶은 흘러간다. 속옷과 겉옷 선택부터 음식 메뉴, 진로, 사업, 결혼까지 모든 것은 자기 선택으로 갈린다. 하지만 이런 선택이 과연 스스로 깊이 생각한 결과인지를 돌아보면 속 시원한 답을 내놓지 못한다. 사회적 기준이나 익숙한 관습을 따라 무의식적으로 선택한 경우가 많기 때문이다.

사유 없는 선택은 자신의 삶을 스스로 결정하는 것이 아니라, 외부 환경과 타인의 기대에 반응하는 것에 불과하다.

5장
더 나은 내가 되고 싶을 때, 철학이 보여준 길

생각하지 않고 내린 선택은 순간의 편리함을 줄 수 있다. 하지만 장기적으로는 삶의 방향을 잃게 만들고 진정한 의미와 목적을 찾지 못하게 한다.

사유의 중요성을 놓치고 살고 있다면 한나 아렌트를 만나야 한다. 그녀는 사유하지 않는 삶이 결국 자신을 잃게 만들고 타인의 기대와 사회적 압력 속에서 진정한 '나'로 살아가는 능력을 마비시킨다는 것을 통찰했기 때문이다.

사유를 잃는 순간, 인간다움도 잃는다

한나 아렌트는 1906년, 독일 하노버의 유대인 가정에서 태어났다. 그녀는 마르부르크 대학교에 입학해 철학, 신학, 고대 그리스어를 공부하며 철학의 깊이를 더했다. 열여덟의 아렌트는 젊은 강사였던 하이데거를 사랑했다. 서른다섯 살의 하이데거는 결혼하여 두 아들을 두고 있었는데도 연인 관계를 은밀하게 이어갔다. 사랑이 지속될 수 없음을 알고 그녀는 4년 만에 관계를 정리했다. 그 후 아렌트는 하이델베르크 대학교로 옮겨 철학자 카를 야스퍼스의 지도를 받으며 학문적 여정을 이어갔다.

시대의 노예가 되지 않으려면
아렌트

독일에 나치 정권이 들어서자 아렌트는 프랑스로 망명했다. 제2차 세계대전이 발발하고 나치의 탄압이 심화되면서 그녀는 유대인으로 체포되어 프랑스 남부의 유대인 수용소에 갇혔다. 다행히 탈출에 성공한 그녀는 험난한 여정을 거쳐 남편과 함께 미국으로 망명했다. 그리고 프린스턴 대학교에서 최초의 여성 전임 교수가 된다.

그녀는 유대인 학살을 주도했던 아돌프 아이히만이 이스라엘에서 재판을 받게 된다는 소식을 듣는다. 이를 직접 취재하기 위해 1961년 〈뉴요커〉 잡지의 특파원 자격으로 예루살렘으로 향했다. 자신이 수용된 경험이 있었기에 더 큰 관심이 있었을 것이다. 그녀는 아이히만을 취재하면서 다음과 같이 성찰한다.

"그가 법정에서 그리고 그의 앞선 취조 과정 중에 보였던 행동의 특징은 순전히 부정적인 것이다. 그러나 그것은 어리석어서가 아니라 사고의 무능함 때문이었다."

그녀는 아이히만이 수많은 유대인을 학살한 것은 그가 본질적으로 악해서가 아니라, 사유하는 능력을 상실했기 때문이라고 판단했다.

5장
더 나은 내가 되고 싶을 때, 철학이 보여준 길

아렌트는 아이히만의 행동이 잔혹한 악인의 소행이 아니라, 깊이 생각하지 않고 명령을 따르기만 하는 무사유에서 비롯되었다고 보았다. 아이히만은 자신의 행동이 가져올 결과를 성찰하지 않았다. 무조건적인 복종으로 일관했다. 이 과정을 통해 그녀는 '악의 평범성'이라는 개념을 제시했다.

아이히만은 평범한 가정의 가장이며 이웃집 남자일 뿐이었다. 하지만 자신이 하고 있는 일에 대해서는 깊이 생각하지 않았다. 사고력 부재가 결국 그를 악마로 만든 것이다. 그래서 아렌트는 "세상의 악함 대부분은 악한 의도 때문이라기보다 생각하지 않는 것에서 비롯된다"라고 말한다.

아렌트는 사유의 중요성을 수없이 강조한다.

"생각을 멈추면 인간이 아니게 된다", "악은 생각하지 않는 것에서 출발한다", "사유란 하지 않아도 상관이 없는 권리가 아니라 반드시 수행해야 할 의무인 것이다."

그녀의 저서 《인간의 조건》에서는 이렇게 정리했다.

시대의 노예가 되지 않으려면
아렌트

"생각하지 않음(맹목적인 무모함, 끝을 모르는 망망함, 잡스럽고 공허한 진리로 변해버릴 뿐인 반복적 암송)은 내가 보기에 우리 시대의 현저한 특징 가운데 하나다. 그러므로 내가 제안하는 것은 단순하다. 바로 우리가 무엇을 하고 있는지 사고하는 것이다."

아렌트는 인간의 사유 능력이 개인적 윤리와 사회적 책임의 근본임을 강조했다. 그녀에게 사유란 단순한 지적 활동이 아니라, 인간의 도덕적 존재를 지탱하는 필수적 과정이었다. 사유하지 않는 사람은 외부의 명령과 사회적 압력에 비판 없이 따르게 된다. 그 결과는 개인적·집단적 비극으로 이어질 수 있다.

지금 나는 생각하는 삶을 살고 있는가. 사유의 깊이를 더하며 무엇이 옳은지 그른지, 어떤 삶이 의미 있고 행복한지, 어떤 선택이 나의 삶을 만들어갈지를 끊임없이 성찰하고 있는가. 사유는 끝없는 질문을 던지며 그 답을 찾아가는 여정이다. 내 삶의 방향은 자신의 깊은 생각과 성찰에서 결정된다. 진정한 의미의 자유와 책임은 사유하는 순간부터 시작된다는 것을 기억하자. 아렌트의 말처럼 "사유하지 않

5장
더 나은 내가 되고 싶을 때, 철학이 보여준 길

는 것은 죄"이다.

한나 아렌트의 성찰로 배우는 사유의 기술

사유하는 힘을 삶에 적용하려면, 먼저 비판적인 질문으로 하루를 여는 습관을 들이는 것이 좋다. 눈앞의 상황이나 주어진 정보를 그대로 받아들이기보다 "왜?", "어떻게?", "무엇을 위한 것인가?"와 같은 질문을 던져보자. 이 짧은 질문 하나가 무심히 지나칠 뻔한 진실을 드러내고, 생각의 불씨를 지핀다.

단순한 현상에 머물지 않고 본질을 향한 질문을 던지는 것도 중요하다. "나는 누구인가?", "어떻게 살아갈 것인가?", "무엇을 위해 살 것인가?" 같은 인문학적 질문은 삶을 더 깊이 바라보는 시선을 키운다. 이런 질문에 대한 답은 단번에 주어지지 않는다. 그러나 답을 찾아가는 과정에서 우리는 자신이 누구인지, 어떤 방향으로 나아갈지 스스로 재정립하게 된다.

사유를 기록으로 남기는 일도 생각을 더욱 단단하게 만든다. 글쓰기는 단순히 머릿속을 비우는 일이 아니라 생각

시대의 노예가 되지 않으려면
아렌트

의 구조를 세우고 논리의 틈을 점검하며 숨은 통찰을 발견하는 과정이다. 아렌트가 사유의 궤적을 기록하며 철학적 통찰을 확장해 갔듯이 우리 역시 일기, 메모, 짧은 단상 등으로 사유의 흔적을 남길 수 있다.

신념을 수시로 점검하는 습관도 잊지 말아야 한다. 아렌트는 "대부분의 악은 착하거나 악하다고 결심하지 않은 사람들에 의해 이루어진다"라고 했다. 자신의 신념을 성찰하지 않으면 사회적 압력과 관습에 휩쓸려 도덕적 기준을 잃기 쉽다. 내가 옳다고 믿는 것이 정말 옳은지, 그 근거는 무엇인지 끊임없이 묻고, 그것이 여전히 유효한 가치인지 사유해야 한다.

마지막으로, 사유는 거창한 결정에서만 필요한 것이 아니다. 점심 메뉴를 고를 때, 길을 선택할 때, 누군가에게 말을 건넬 때도 사유는 스며든다. 사소해 보이는 선택이라도 그 안에 담긴 의미를 의식하는 순간, 우리는 습관에 이끌려 사는 사람이 아니라 자신의 삶을 빚어가는 창조자가 된다. 작은 선택이 쌓여 큰 방향을 만들고, 그 방향이 결국 나를 만든다.

더 나은 내가 되고 싶을 때, 철학이 보여준 길

그러니 하루의 모든 순간을 깨어서 살아가는 것이 곧 사
유하는 삶이다. 그렇게 살 때, 아렌트가 남긴 "사유하지 않
는 것은 죄"라는 말은 더 이상 경고의 문장이 아니라, 오늘
과 내일을 지탱하는 삶의 원칙이 된다. 사유는 거창한 철학
이 아니라, 매 순간 나를 지키고 세상을 바로 보게 하는 가
장 현실적이고 구체적인 힘임을 잊지 말아야 한다.

시대의 노예가 되지 않으려면
아렌트

오늘을 바꾸는 철학 한 줄

- 끊임없이 사유하고 깊이 생각하라. 그것이야말로 현실을 극복하고, 인간이 한 단계 더 성숙해질 수 있는 길이다.

- 타인의 처지를 헤아리지 못하는 '생각의 무능'은 곧 말의 무능을 낳고, 행동의 무능으로 이어진다.

- 살아 있는 것과 사유하는 것은 본질적으로 하나다.

- 무지란 단순히 모르는 것이 아니라, 생각하기를 게을리하는 것이다. 무지한 사람은 일상의 테두리 밖으로는 전혀 관심을 두지 않는다.

- 시대의 노예로 살지 않으려면, 우리가 어떤 행동을 선택할지 곰곰이 생각하는 일부터 시작해야 한다.

나만의 깨달음 한 줄

5장
더 나은 내가 되고 싶을 때, 철학이 보여준 길

내 생각의 뿌리를 지키려면

데카르트

> "모든 게 확실해 보일 때일수록 한 번쯤은 의심해 보라. 이 생각이 정말 내 것인지, 아니면 남이 준 것인지 물어보라. 그 질문이 당신을 흔들림 속에서도 스스로 설 수 있게 만들어줄 것이다."

지금 내 생각은 확실한 것일까

지금 내가 생각하고 있는 것들은 어디서 비롯된 것일까? 그 생각은 정말로 옳은 걸까? 아니면 옳다고 믿고 있는 걸까? 어쩌면 현재 나의 생각은 내게 주어진 환경, 배운 지식, 무심코 받아들인 관습에 불과할지도 모른다. 확신할 수 없는 생각으로 살아가는 삶은 불안하다. 선택한 결과를 확신할 수 없기 때문이다.

선택의 결과에 책임을 져야 한다는 압박감은 우리의 생각을 더욱 흔들리게 만든다. 무엇이 옳은지 알 수 없는 상태에서 결정을 내리는 것은 두려움을 낳는다. 그 두려움은 다시 불확실성을 강화한다. 이럴 때는 데카르트를 만나면 좋다. 그는 모든 것을 의심함으로써 비로소 흔들리지 않는 확신의 기반을 찾아냈기 때문이다.

데카르트가 가르쳐준 의심의 힘

르네 데카르트는 1596년, 프랑스 투렌 지방에서 태어났다. 태어난 지 1년 2개월 만에 어머니를 잃었고, 자신도 곧 결핵에 걸려 생명의 위기를 맞았다. 그러나 외할머니와 유모의 헌신적인 보살핌 덕분에 가까스로 목숨을 건졌다. 하지만 병약한 체질은 여전했고 누워 있는 시간이 많았다. 그러다 보니 예민했다. 이런 신체적 제약은 그를 자연스럽게 깊은 사색의 세계로 이끌었다. 침대에 누워 세상과 자신을 탐구하는 내적 여행을 시작한 것이다. 데카르트는 어려서부터 끊임없이 "왜?"라는 질문을 던졌다. 그를 보고 아버지는 '꼬마 철학자'라는 별명을 붙여주었다.

아버지는 데카르트가 열 살이 되자 라 플레슈 예수회 학교에 보내 학문적 토대를 다지게 했다. 그는 그곳에서 철학을 공부하면서도 선생님들 몰래 자연과학, 수학에도 눈을 떴다. 데카르트는 라 플레슈를 졸업하면서 그곳에서 배웠던 철학을 버렸다. 그는 《방법서설》에서 이렇게 밝혔다.

"나는 스승들의 예속에서 벗어나도 좋을 나이에 이르자마자 그동안 배워온 공부를 완전히 버렸다."

자신만의 사상체계는 누군가의 것을 버려야 생긴다. 물론 예전에 배운 사고체계의 토대 위에서 새로운 것이 생성되지만 나만의 것은 과거의 것을 맹목적으로 따르지 않고 비판적으로 성찰할 때 탄생한다. 데카르트는 기존 학문의 권위와 관습적 지식을 의심하고 모든 것을 처음부터 새롭게 사고하려고 결심했다.

그래서인지 1616년 푸아티에 대학에서 법률학 석사학위를 받지만 법률가의 길을 걷지 않았다. 그는 은둔하면서 연구에 몰두했다. 고독 속에서 의심하며 "명확하고 분명한 것만을 진리로 인정하라"는 방법론적 기준을 확립했다. 그는 의심에 대해 이런 견해를 밝혔다.

"우리가 자신의 이성을 충분히 발휘하기도 전에 먼저 주입된 편견이 진리 인식을 방해할 수 있다. 그러므로 우리는

내 생각의 뿌리를 지키려면
데카르트

이러한 편견의 속박에서 벗어나기 위해 일생에 한 번쯤은 조금이라도 의심스러운 것이라면 모조리 의심해 볼 필요가 있다."

데카르트는 끊임없이 의심했다. 그러나 그의 의심은 파괴가 아니라 창조의 도구였다. 모든 관념을 의심하는 과정에서 결국 "나는 생각한다, 고로 존재한다"라는 결론에 도달했다. 그는 이 사유의 과정을 이렇게 설명한다.

"내가 의심하고 있다는 것은 내가 생각하고 있다는 것이다. 내가 생각하고 있으므로 나는 존재한다. 의심하는 동안에는 의심하는 나 자신의 존재를 의심할 수 없다."

데카르트의 "나는 생각한다, 고로 존재한다"라는 말은, 모든 것을 의심하는 가운데서도 자신의 존재만은 의심할 수 없다는 깨달음이었다. 아무리 모든 것을 의심하더라도 의심하는 순간만큼은 의심하는 주체인 자신의 존재를 부정할 수 없었다. 이 확고한 출발점을 통해 그는 인간 이성과 사고의 중요성을 강조하며 모든 지식은 생각하는 나로부터 시작한다는 철학적 원리를 확립했다. 데카르트에게 의심은 무너짐이 아니라 새로운 사유의 토대였다.

더 나은 내가 되고 싶을 때, 철학이 보여준 길

데카르트는 의심을 넘어 확신이 서지 않을 때를 극복할 방법으로 '응급 처치 논리'를 제안한다. 살다 보면 이러지도 저러지도 못할 상황에 처할 때가 많지 않은가. 그렇다고 결정을 미룰 수 없을 때는 다음과 같은 논리가 불확실성을 극복할 수 있다고 보았다.

첫째는 사회적 관습과 법을 따르는 것이다. 그 분야에서 일가견을 이룬 사람들의 선택을 따르라는 뜻이다. 이는 맹목적인 복종이 아니라, 신뢰할 만한 경험과 지식을 가진 사람들의 판단을 참고하라는 의미다. 스스로 결정하기 어려운 상황에서는 검증된 지혜를 임시 기준으로 삼아 혼란을 피할 수 있다.

둘째는 결단력 있게 행동하는 것이다. 완벽한 확신이 없어도 일단 내린 결정에 신속하게 행동해야 한다. 망설임은 더 큰 혼란을 초래하므로 임시적 판단이라도 결정을 내렸다면 흔들림 없이 실행하는 것이 중요하다.

셋째는 자신의 의지를 통제하라는 조언이다. 그는 외부 상황은 통제할 수 없지만 자신의 의지와 마음은 스스로 다스릴 수 있다고 보았다. 자신의 사고와 행동을 조절함으로

내 생각의 뿌리를 지키려면
데카르트

써 삶의 방향을 스스로 결정해야 한다고 본 것이다.

마지막으로 데카르트는 목표를 지속적으로 추구하라고 강조한다. 확신이 서지 않더라도 자신의 능력과 적성에 맞는 방향을 선택하고 꾸준히 노력하라는 것이다. 탐구와 성찰을 멈추지 않고 설정한 목표를 성실히 추구하는 자세가 삶의 혼란을 극복하는 원동력이 된다. 데카르트는 확신이 서지 않는 순간이 오더라도 응급 처치 논리를 통해 자신의 길을 개척해 나가라고 가르쳤다.

내가 마주하고 있는 지식과 정보는 확신할 수 있는 것일까? 책과 강의를 통해 만나는 지식은 믿을 수 있을까? "진정 진리를 추구하고 싶다면, 최소한 인생에 한 번은 가능한 한 모든 것에 대해서 의심을 품어"보라. 의심이 때로는 혼란을 부추길 때도 있지만 확신에 이르려면 의심하지 않고는 그 길에 도달할 수 없다. 그러니 항상 의심하고 의문을 품어라. 그리고 의심과 의문을 해결할 질문을 던져라. 질문을 멈추지 않는 한 우리는 진리에 한 걸음 더 가까워질 수 있다.

의심을 통해 확신에 이르는 길

데카르트의 사유를 삶에 적용하려면, 먼저 우리가 매일 마주하는 수많은 생각과 선택이 정말로 내 판단에서 비롯된 것인지 자신에게 물어보는 것부터 시작해야 한다. 그 질문이 곧 의심의 첫걸음이자, 확신에 이르는 문이 된다. 그리고 이를 실천하기 위해서는 논리적 사고를 훈련하는 습관이 필요하다. 그는 《방법서설》에서 진리에 도달하기 위한 네 단계의 방법적 원칙을 제시했다.

첫째, 명확하고 분명하게 인식되는 것만을 참으로 받아들일 것. 추측이나 불확실한 것은 과감히 배제하고, 의심의 여지가 없는 것만 수용해야 한다.

둘째, 복잡한 문제는 가능한 한 작고 단순한 부분으로 나눌 것. 세분화한 문제를 하나씩 분석하면 더 쉽게 이해하고 해결할 수 있다.

셋째, 가장 단순하고 쉬운 것부터 시작해 점차 복잡한 문제로 나아갈 것. 단계를 밟아가며 확신을 쌓는 것이다.

넷째, 검토한 것들을 하나도 빠짐없이 점검할 것. 과정을 반복 확인함으로써 실수를 줄이고 판단의 정확성을 높인

내 생각의 뿌리를 지키려면
데카르트

다. 이 네 가지 원칙은 학문 연구뿐 아니라 일상 속 의사결정, 문제 해결, 프로젝트 관리 등에도 그대로 적용할 수 있는 보편적 도구다.

자신이 마주하는 모든 것을 의심하는 연습을 해보자. 데카르트는 "비판 없이 참된 것으로 받아들이는 것은 결코 진실로 알고 있는 것이 아니다"라고 했다. 특히 정보가 넘쳐나는 시대에는 검증되지 않은 지식이나 가짜뉴스를 무비판적으로 수용하는 것이 가장 위험하다. 의심은 단순히 부정하는 태도가 아니라, 사실 여부를 가려내고 더 나은 결론에 도달하기 위한 출발점이다.

그러나 의심하되 회의주의에 빠지지 않는 것이 중요하다. 데카르트에게 의심은 파괴가 아니라 창조를 위한 도구였다. 그는 "낙관주의자들은 빛이 없는 곳에서 빛을 발견한다. 하지만 왜 비관주의자들은 그 빛을 꺼버리려 하는가?"라고 말했다. 의심은 가능성을 닫는 것이 아니라, 새로운 가능성을 열기 위해 필요한 과정이다. 끊임없이 질문하고, 그 질문에 대한 답을 탐구하는 태도. 그것이 데카르트가 말한 '확신에 이르는 길'이며, 흔들림 속에서도 스스로의 이성과 판단력을 지켜내는 힘이 된다.

데카르트가 모든 것을 의심하며 "나는 생각한다, 고로 존재한다"에 이르렀듯, 우리도 끊임없는 질문과 검증 속에서 나만의 기준과 방향을 세울 수 있다. 수많은 정보와 타인의 의견 속에서 길을 잃지 않으려면, 내 생각의 뿌리를 확인하고 가꾸어야 한다. 의심은 그 뿌리를 단단하게 하는 과정이며, 확신은 그 위에 맺히는 열매다. 흔들릴수록 질문을 멈추지 말고, 불확실할수록 더 깊이 생각하라. 그 사유의 힘이 당신을 남이 아닌 '자신'으로 살아가게 할 것이다.

내 생각의 뿌리를 지키려면
데카르트

<h1 style="text-align:center">오늘을 바꾸는 철학 한 줄</h1>

- 생각을 조심하라. 생각은 언제든 말이 되어 세상에 드러날 수 있다.

- 누군가 나의 기분을 해치려 할 때, 나는 마음을 한껏 끌어올려 그 감정이 영혼 깊숙이 스며들지 못하게 막는다.

- 사색하기에 나는 존재한다.

- 우유부단함은 죄악이다. 결단을 미루는 것이야말로 가장 큰 해악이다.

- 우리의 생각을 제외하면, 세상 그 어떤 것도 우리가 온전히 통제할 수 없다.

<h2 style="text-align:center">나만의 깨달음 한 줄</h2>

5장

더 나은 내가 되고 싶을 때, 철학이 보여준 길

현상 너머의 진실을
보고 싶다면

플라톤

진정한 앎은 현상 너머에 있다

그야말로 속도 전쟁이다. 무엇이든 빨리빨리 진행되고 개발되고 확장된다. 그러다 보니 지식조차 빠르게 손에 쥐려고 한다. 요약된 정보를 빠르게 검색하고 영상을 찾아 빠르게 습득하려 한다. 그러나 이런 정보는 감각적이고 일시적이어서 쉽게 흩어지고 잊히기 마련이다.

빠르게 습득한 지식은 빠르게 잊힌다. 깊은 곳까지 내려가 중심을 잡을 수 없기에 바람이 불면 날아가 버리기 일쑤다. 내 것 같은데 내 것이 아닌 것이다. 또한 눈에 보이는 것을 진실이라고 믿어서도 곤란하다. 진짜 중요한 것은 눈에 보이지 않는 곳에 숨겨져 있기 때문이다.

진정한 앎은 현상과 사실 너머를 아우를 때 형성된다. 그러니 눈에 보이는 것 너머, 정보의 파편 너머에 우리의 생각과 시선을 두어야 한다. 보이지 않는 곳에 감춰진 것들을 볼 수 있을 때 비로소 진정한 앎에 이르렀다고 볼 수 있다. 진정한 앎에 이르고 싶다면 플라톤을 만나보자. 플라톤의 삶이 '진정한 앎에 어떻게 도달할 것인가'를 탐구한 여정이었기 때문이다.

플라톤과 함께하는 현상 너머의 탐구

플라톤은 아테네의 명문 귀족 가문에서 태어났다. 자연스레 정치가의 삶을 꿈꾸며 어린 시절을 보냈다. 시와 희곡에도 관심이 많았다. 그러다 그의 삶을 송두리째 바꾸는 만남이 일어났다. 바로 소크라테스를 만난 것이다. 플라톤은 스무 살 무렵 디오니소스 극장 앞에서 청년들과 토론을 벌이고 있는 소크라테스를 본 후 진리를 탐구하는 삶에 매료되었다. 그는 망설임 없이 소크라테스의 제자가 되었다.

플라톤은 소크라테스와 다니면서 어떻게 '진정한 앎'에 이를 수 있을지를 탐구했다. 위대한 스승의 영향을 받았는지 플라톤의 철학은 서양철학의 근간이 되었다. 영국의 철학자 앨프리드 화이트헤드는 "서양철학 2,000년은 모두 플라톤의 각주에 불과하다"라고 말할 정도니, 그의 영향이 얼마나 큰지 알 수 있다.

플라톤의 철학으로 '진정한 앎'에 이르는 길을 알려면 '동굴의 비유'를 이해해야 한다. 동굴의 비유는 인간이 감각을 통해 인식하는 현실이 단편적인 그림자에 불과하며 그 너머에 더 깊은 진리가 있음을 알려준다. 동굴 속 사람들은 벽에 비친 그림자를 실재라고 믿는다. 하지만 이는 실제 사물의 그림자일 뿐이라는 것이다. 동굴을 벗어나 빛을 마주하게 되면 자신이 본 것이 진리가 아니었음을 깨닫게 된다.

플라톤은 이 비유를 통해 감각에 의존해 얻은 정보와 지식의 한계를 지적한다. 동굴 속 사람들이 한 번도 동굴 밖을 생각하지 못하는 것처럼 우리 또한 눈에 보이는 것을 본질이라고 여기며 사는 경우가 많다. 스마트폰을 통해 만나는 지식과 정보들은 미디어와 알고리즘을 통해 필터링된, 누군

현상 너머의 진실을 보고 싶다면
플라톤

가의 관점과 이해관계에 따라 편집된 것들인데도 말이다. 동굴에서 벗어나 빛을 마주한 사람이 진리를 깨닫게 되듯이 진정한 앎에 이르려면 정보의 표면 너머를 볼 수 있어야 한다. 그래서인지 플라톤은 이렇게 말했다.

"어둠을 두려워하는 아이를 우리는 쉽게 용서할 수 있지만, 인생에서 가장 큰 비극은 사람들이 빛을 두려워하는 것이다."

플라톤은 보이는 것 너머를 보려면 지성이 필요하다고 말한다. 지성이란 지금까지 배워온 것 너머에 본질이 있다고 생각하는 열린 태도다. 열린 태도가 없다면 우리는 보이는 세계에 매몰될 수밖에 없다.

플라톤의 '이데아' 개념도 알아두면 좋다. 그는 모든 사물과 현상의 이면에 불변하는 본질, 즉 이데아가 존재한다고 보았다. 더불어 그는 우리가 감각을 통해 인식하는 것이 이데아의 불완전한 모사에 불과하다고 보았다. 감각적 지식은 일시적이고 변하기 쉽다는 것이다. 플라톤에게 진정한 앎이란 감각적 세계를 넘어서 본질적이고 이상적 세계인 이데아에 도달하는 것이었다.

예를 들어, 한 어린아이가 처음 장미를 보며 향기와 꽃잎의 촉감, 붉은빛을 경험한다고 상상해 보자. 하지만 아이가 본 장미는 시들거나 변할 수 있다. 결국 아이가 본 것은 장미의 표면적 모습일 뿐이며 장미의 '본질'은 아니다.

플라톤이 말하는 이데아는 장미의 본질적 형태이자 이상적 존재를 의미한다. 모든 장미는 이상적 장미인 이데아의 불완전한 모사에 불과하며 그 본질은 감각으로 이해할 수 없다는 것이다. 플라톤은 감각적 지식을 넘어 이데아, 즉 모든 사물의 변하지 않는 본질에 도달하는 것이 진정한 앎이라고 주장했다.

이데아의 세계는 단순한 철학적 개념을 넘어 인간이 진정으로 추구해야 할 가치에 대한 플라톤의 깊은 고뇌가 담긴 산물이다. 플라톤은 우리가 마주하는 세상의 불완전함을 넘어 진정한 앎을 향해 끊임없이 나아가야 한다고 보았다. 이것이 인간을 더 높은 차원의 이해와 존재로 이끄는 과정이라고 본 것이다. 그러기 위해서는 단순히 지식을 쌓는 데 그치지 않고 깊은 탐구와 성찰을 우리 삶에 덧입혀야 한다.

진정한 앎은 보이는 세계에 있지 않다. 우리가 매일 마

현상 너머의 진실을 보고 싶다면
플라톤

주하는 수많은 현상과 감각의 파편 속에 담겨 있지 않다. 세상 표면에 아른거리는 그림자에 머무는 것이 아니라, 그 너머에 자리한 변치 않는 본질, 세상을 이루는 근원에 있다.

읽었다고, 보았다고, 들었다고, 배웠다고 내 할 일이 끝난 것은 아니다. 그때가 진짜 앎의 길의 시작이다. 읽은 것, 본 것, 들은 것, 배운 것 너머의 본질을 보아야 하기 때문이다. 내가 마주한 것들 너머의 본질 속 진리를 이해하고 깨우쳤을 때 비로소 진정한 앎에 이르렀다고 할 수 있다.

겉모습 너머의 본질을 보는 법

현상 너머의 진실을 보려면, 먼저 우리가 보고 듣고 경험하는 것들이 전부가 아니라는 사실을 인정해야 한다. 눈앞의 현상은 진실의 그림자일 수 있으며 그 너머에 변치 않는 본질이 존재한다는 열린 마음이 필요하다. 이를 위해 선입견을 내려놓고 대상의 속성과 본질에 주목하며 사색하는 시간을 가져보자. 외형과 표면에서 한 걸음 더 들어가면 비로소 사물의 진정한 모습을 발견할 수 있다.

또한 정보와 지식이 넘쳐나는 시대일수록 비판적 사고

5장
더 나은 내가 되고 싶을 때, 철학이 보여준 길

가 필수다. 우리가 접하는 정보 중 상당수는 누군가의 시선과 의도로 편집된 그림자일 수 있다. 그러니 의문을 품고 사실과 편향을 구별하며 분석·추론·종합을 통해 본질에 가까워져야 한다. 이렇게 사유의 깊이를 더하다 보면, 평소에는 보이지 않던 진실이 서서히 드러난다.

이 과정에서 중요한 것은 이성적 탐구다. 감정에 휘둘리지 않고 객관적인 사실을 바라보며 자기 생각을 뒷받침할 수 있는 근거를 찾는 습관을 들이자. 이성은 현상의 파도 속에서 방향을 잃지 않게 하는 나침반이 된다. 여기에 소크라테스의 문답법처럼 끊임없이 "왜?"라는 질문을 던지는 태도를 더하면, 탐구의 길은 더욱 단단해진다.

마지막으로, 변화무쌍한 세상 속에서 불변의 가치를 찾는 훈련을 하자. 유행과 트렌드는 변하지만, 정의·진실·선과 같은 본질적 가치는 시대를 초월한다. 현상의 변화를 좇기보다 그 이면의 변치 않는 원리를 붙드는 것이 진정한 앎으로 가는 길이다. 표면에 머무르지 않고 본질을 향해 나아갈 때 우리는 단순한 정보 수집가가 아니라 진리를 향한 구도자가 된다.

 현상 너머의 진실을 보고 싶다면
플라톤

진정한 앎에 이르는 길은 멀리 있지 않다. 그것은 표면을 넘어서려는 작은 시도에서 시작된다. 하루에 단 한 번이라도, 눈앞의 현상을 멈춰 바라보고 그 안에 담긴 이유와 본질을 묻는다면 우리는 이미 진리로 향하는 길 위에 선 것이다. 겉모습에 머무르지 않으려는 그 의지가, 평범한 하루를 깨우고 삶을 더 깊게 만든다.

5장
더 나은 내가 되고 싶을 때, 철학이 보여준 길

오늘을 바꾸는 철학 한 줄

- 강제로 주입된 지식은 마음 깊이 뿌리내리지 못한다.

- 현명한 이는 전할 가치가 있을 때 말하고 어리석은 이는 그저 침묵을 견디지 못해 말한다.

- 탁월함은 타고나는 재능이 아니라, 반복된 연습 속에서 다듬어지는 능력이다.

- 사랑에 감동한 사람은 어둠 속에서도 길을 잃지 않는다.

- 사람은 결국, 자신이 믿고자 하는 것을 믿는다.

나만의 깨달음 한 줄

현상 너머의 진실을 보고 싶다면

플라톤

나만의 판단을
가지고 싶다면

칸트

"남이 던져준 생각만 붙잡고 살다 보면 당신의 머릿속은 언젠가 텅 비게 된다. 틀려도 좋으니 스스로 묻고 스스로 답을 찾아보라. 그렇게 다진 사유의 힘이 당신을 어떤 소음 속에서도 곧게 세워줄 것이다."

정보의 시대, 사유의 부재

지식과 정보가 넘쳐나는 시대다. 몇 번의 클릭만으로 방대한 지식에 접근할 수 있는 세상에서 사람들은 지식을 빠르게 소비하고 금세 잊어버리기 일쑤다. 누군가 제시한 지식을 무분별하게 수용하고, 알고리즘이 골라준 뉴스를 읽으며, 권위 있는 이름이 붙은 의견을 그대로 받아들이는 모습이 낯설지 않다. 생각은 점차 자동화되고, 질문은 생략되며, 스스로 사고하는 힘을 잃고 살아가는 사람들이 늘어나고 있다.

5장
더 나은 내가 되고 싶을 때, 철학이 보여준 길

하지만 정보의 양이 늘어난다고 해서 사고력이 깊어지는 것은 아니다. 지식과 정보는 단지 도구에 불과하다. 그것을 통해 의미를 만들어내고 통찰을 얻는 것은 온전히 우리의 몫이다. 결국, 스스로 사고할 수 있어야만 지성의 진정한 높이에 이를 수 있다.

스스로 사고하며 지성을 기르고 싶다면 칸트를 만나야 한다. 칸트는 인간이 성숙한 지성에 도달하기 위해 무엇이 필요한지 평생을 고민한 철학자였다. 그는 타인의 권위나 관습에 의존하지 않고 자신의 이성을 사용할 때 비로소 진정한 깨달음의 상태에 이를 수 있다고 강조했다.

칸트가 알려주는 지성에 이르는 길

이마누엘 칸트는 1724년, 독일 쾨니히스베르크에서 태어났다. 그의 사유는 '서양 철학의 저수지'로 불릴 만큼 깊고 방대하다. 합리주의(이성과 논리, 필연을 중시하는 철학)와 경험주의(인식과 지식의 근원을 경험에서 찾는 철학)를 종합하려는 철학적 노력을 기울였기 때문이다.

그러나 그 여정은 쉽지 않았다. 대학에서 시간 강사로

나만의 판단을 가지고 싶다면
칸트

15년을 재직해야 했다. 자신의 관심 분야가 아닌 학문도 어쩔 수 없이 강의해야만 했다. 철학은 물론 수학, 물리학, 지질학, 자연법, 광물학 등 다양한 분야를 일주일에 스무 시간씩 강의했다. 그 시간은 칸트에게 철학적 지평을 한층 더 넓히는 계기가 되었다. 그리고 마흔여섯이 되어서야 비로소 교수가 될 수 있었다.

칸트는 스스로 사고하며 성숙한 지성에 이를 수 있도록 이끌면서 '자기 의지'를 강조했다. 그 의미는 《계몽이란 무엇인가》를 통해 살필 수 있다.

"미성숙이란 다른 사람이 이끌어주지 않으면 자신의 지성을 사용할 수 없는 상태를 말한다. 이는 지성이 부족해서가 아니라 타인의 도움 없이 자신의 지성을 사용할 결단력과 용기의 결핍 때문이다. 결국 미성숙은 외부의 탓이 아니라 자기 잘못으로 초래한 것이다."

칸트는 스스로 사고하려는 용기가 필요하다고 말한다. 틀리더라도 자기 힘으로 생각하려고 할 때 성장할 수 있다는 것이다. 무슨 일이든 자기 주도적으로 해야 효과가 있다. 스스로 하려고 해야 지성의 단계까지 이를 수 있다. 그러면

5장
더 나은 내가 되고 싶을 때, 철학이 보여준 길

서 미성숙의 원인을 '게으름'과 '비겁함'으로 꼽는다. "미성숙의 상태에 안주하는 것이 너무 편안"해서 지성에 이르지 못한다고 본 것이다.

칸트는 철저히 습관을 좇아 살았다. 매일 같은 시간에 산책하고, 정해진 시간에 공부하며, 규칙적으로 사고하는 습관으로 평생을 살았다. 그는 새벽 다섯 시면 어김없이 일어났다. 하인인 람페에게 다섯 시 15분 전에 깨우게 했다. 일어나지 않으면 강요해서라도 깨우도록 지시했다. 기상 후에는 홍차 두 잔을 마시고 파이프 담배를 피웠다. 오전에는 정장 차림으로 강의를 한 후 열두 시 45분이 되면 식사에 초대한 손님을 맞았다. 오후 한 시부터 세 시 반까지 식사하며 손님들과 대화를 나누었다. 그리고 세 시 반이면 어김없이 산책을 나갔다. 마을 사람들은 칸트가 산책 가는 것을 보고 시계를 맞출 정도였다. 저녁은 거르고 책을 읽다가 열 시가 되면 잠자리에 들었다. 아무리 깊은 병이 들어도 하루에 알약 두 개 이상은 먹지 않는 원칙도 지키며 평생을 살았다.

아침에 눈을 뜨면 스마트폰을 집어 들고 일상과 업무에 쫓기다 산만한 상태로 하루를 마감한 우리의 삶의 태도와는

나만의 판단을 가지고 싶다면
칸트

상반된 삶이다. 칸트는 복잡한 삶에서 벗어나 규칙적이고 질서 있는 일상을 통해 사고의 틀을 다듬을 것을 제안한다. 그의 철학은 단순한 반복이 아니라, 자기 성찰과 사유의 시간을 확보하고 지켜나가는 것에서 비롯되었다.

지성은 일방적인 수용이 아니라 비판적 사고에서 시작된다. 칸트의 위대함은 비판성에 있다. 그는 《순수이성비판》,《실천이성비판》,《판단력 비판》을 저술했다. 그가 비판서를 쓴 이유는 '나는 무엇을 알 수 있는가?', '나는 무엇을 해야 하는가?', '나는 무엇을 희망해도 되는가?'라는 세 가지 물음에 답하기 위해서였다. 이 질문들은 '인간이란 무엇인가?'를 향한 준비 과정이었다. 칸트는 인간의 이성이 다룰 수 있는 것과 없는 것을 분명히 해서 다룰 수 있는 것은 분명하게, 다룰 수 없는 것은 경거망동하면 안 된다는 것을 강조했다. 칸트는 지식과 경험을 일방적으로 수용하지 않았다. 이를 평가하고 검토하는 과정을 통해 지성을 발전시켰다.

칸트는 일방적인 정보 수용, 수동적인 사고, 편안함을 추구하는 상태를 미성숙이라 규정한다. 이성을 사용하지 않

더 나은 내가 되고 싶을 때, 철학이 보여준 길

고 외부에 의존하는 태도를 일찍이 경계한 것이다. 그래서 내가 만나고 있는 지식과 정보를 냉철하게 평가할 수 있어야 한다. 그런 후에 자신만의 질문으로 답을 만들어가는 능동적 태도가 지성의 높이로 도약하는 길을 열 수 있다.

칸트는 "인간은 단지 수단이 아니라 목적 그 자체이다"라고 했다. 스스로 사고하는 힘이 인간의 존엄에서 비롯되기에 한 말이다. 우리는 누구나 스스로 생각하고 판단하며, 자신의 삶을 책임질 수 있는 존재로 창조되었다. 칸트는 이러한 존엄성을 깨닫고 발전시키는 과정을 통해 진정한 지성을 키울 수 있다고 보았다.

그러니 자신을 존중하고 사랑하자. 칸트의 말처럼 자신의 행복을 증진하는 도구로 지식을 만나자. 용기 있는 결정으로 더 깊이 알려고 하고 지성의 단계를 흠모하자. 더 나은 미래를 희망하며 할 수 있는 것을 찾아 도전하자. 아무것도 하지 않으면 아무것도 이룰 수도, 얻을 수도 없다.

스스로 사고하며 지성을 기르는 비결

칸트의 철학적 사유로 어떻게 스스로 사고하고 지성을 기를

나만의 판단을 가지고 싶다면
칸트

수 있을까?

먼저 지식과 정보를 무비판적으로 받아들이는 습관에서 벗어나야 한다. 일방적인 수용 대신 근본적인 의문을 품고 질문을 던지는 연습을 하자. 여기서 질문은 단순히 답을 얻기 위한 것이 아니라 사고의 폭과 깊이를 확장하는 도구다. 왜 그런지, 그것이 사실인지, 그리고 나에게 어떤 의미가 있는지를 묻는 순간, 지성의 문이 열린다.

분주함과 산만함 속에서는 깊은 사유가 자라날 수 없다. 하루 일정 속에 반드시 혼자 고요히 생각할 시간을 마련하자. 시간이 없다는 말은 변명에 불과하다. 시간을 쓰는 방식이 곧 사고의 질을 결정한다. 책 한 줄을 곱씹거나 일상의 경험을 돌아보는 짧은 순간이라도 꾸준히 이어가면 사고의 뿌리가 깊어진다.

미성숙에서 벗어나려면 용기가 필요하다. 실수하더라도 틀리더라도 스스로 생각하고 판단하는 습관을 멈추지 말자. 나만의 사고와 지성은 도전하는 사람의 몫이다. 타인의 지식을 수용하더라도 그대로 흡수하지 말고 자신의 이성으로 검토하고 비판하자. 남의 의견에 나의 논리와 판단을 더하

5장
더 나은 내가 되고 싶을 때, 철학이 보여준 길

는 순간, 비로소 그것은 내 것이 된다.

작은 일부터 스스로 결정하고 선택하는 습관을 들이면 의지와 결단력이 자라난다. 이는 큰 선택의 순간에도 흔들리지 않게 하는 힘이 된다. 마지막으로, 권위에 기대거나 대중적 믿음에 종속되지 말자. 누가 말했든, 얼마나 많은 이들이 믿든, 그것이 맞는지, 나에게 의미 있는지 스스로 평가하고 결론을 내려야 한다. 이런 과정을 통해서만 생각의 깊이와 지성이 단단히 뿌리내린다.

결국 지성은 '나'로부터 시작된다. 타인의 목소리에 묻히지 말고, 내 생각의 뿌리를 깊이 살펴라. 그렇게 다져진 사유의 힘이, 세상의 소음 속에서도 당신을 곧게 세워줄 것이다.

나만의 판단을 가지고 싶다면
칸트

오늘을 바꾸는 철학 한 줄

- 과감히 알려고 하라. 자기 자신의 지성을 사용할 용기를 가져라.

- 네가 헛되이 보내고 있는 오늘은 어제 죽은 사람이 그렇게도 살고 싶었던 내일이다.

- 적은 것을 철저히 아는 것이 많은 것을 겉으로만 아는 것보다 낫다.

- 깨달음이란 인간이 자신을 미성숙한 상태에서 벗어나게 하는 것이다.

- 한 가지 뜻을 세우고 그 길로 가라. 잘못도 있으리라. 실패도 있으리라. 그러나 다시 일어나 앞으로 나아가라. 반드시 빛이 그대를 맞이할 것이다.

나만의 깨달음 한 줄

5장
더 나은 내가 되고 싶을 때, 철학이 보여준 길

"방황이 당신을 흔들 때 겁내지 마세요. 그건 당신이 더 나은 곳으로 향하고 있다는 신호입니다. 소망이 가리키는 길을 묵묵히 걸어가면, 언젠가 그 길 끝에서 당신만의 빛을 만나게 될 거예요."

변화의 시대에 경쟁력은 전문성

변화하는 시대에 경쟁력은 전문성이다. 수많은 선택의 기로에서 길을 열어가는 열쇠도 전문성에 있다. 삶은 무수한 기회와 도전으로 가득하지만 그것들을 제때 붙잡고 활용하기 위해서는 자신만의 기술과 지식을 갈고닦는 것이 필수적이다. 한 분야에 독보적인 능력을 갖추고 있다면 어떤 변화의 물결이 밀려와도 두렵지 않다.

하지만 그 길에 도달하기는 쉽지 않다. 요약된 정보나 단편적인 지식을 습득하는 것에 길들어 있다면 더욱 어렵다. 전문성은 체계적이고, 지속적이야 하며, 끊임없이 문제를 해결할 수 있는 경험의 총합으로 완성된다. 또한 내면의 힘도 필요로 한다. 내면의 힘이 뒷받침돼야 흔들림 없이 원하는 방향을 따라 나아갈 수 있기 때문이다.

한 분야의 전문가로 우뚝 서고 싶다면 괴테를 만나보자. 괴테는 뛰어난 시인이자 소설가, 과학자이자 정치가였다. 모든 분야에서 독보적인 성취를 이루었기에 그를 만난다면 우리도 전문가로 비상할 수 있을 것이다.

괴테의 삶에 담긴 성장의 비밀

요한 볼프강 폰 괴테는 1749년, 독일 프랑크푸르트에서 태어났으며 시인, 극작가, 소설가뿐 아니라 자연 과학자이자 정치가로서 여러 방면에서 활약했다. 문학뿐만 아니라 식물학, 동물학, 해부학, 광물학, 기상학, 광학, 색채론까지 섭렵했고 정치가로도 성공적인 인생을 보냈다. 바이마르 공국의 재상까지 올랐다. 그리고 자신의 힘으로 귀족이 되었다. 전우주적인 천재라는 칭호를 받을 정도로 탁월한 인생을 보냈다. 하지만 누구나 그렇듯이 괴테도 처음부터 전문가의 길을 걷지는 않았다. 그도 우리처럼 부침이 있는 삶을 살았다.

괴테는 스물두 살에 변호사로 사회생활을 시작한다. 변호사는 자신이 원하는 삶이 아니었다. 아버지의 강력한 권유로 법률가의 길을 걸어야 했다. 자기 삶의 길을 걷지 못한 내면의 갈등은 우리와 그리 다르지 않다. 하지만 괴테는 좌절보다는 마음속 소망에 반응했다. 그는 자서전인《시와 진실》에 "우리의 소망이란 우리 안에 있는 능력의 예감이다"라고 말했다. 소망은 단순히 바람이나 꿈에 그치는 것이 아니다. 우리의 내면에 잠재된 가능성과 능력을 미리 감지하고 깨닫는 과정이다.

괴테는 자신의 소망이 가리키는 방향으로 나아갔다. 법률가로서의 안정된 삶을 뒤로하고 문학과 예술, 자연과학에 대한 열정을 따라 자신만의 길을 개척했다. 그가 품었던 소망은 단순한 희망이 아니라 그의 내면에 잠재된 능력을 현실로 이끄는 힘이 되었다. 괴테의 삶은 우리가 소망을 통해 자신을 발견하고 그 소망을 실천으로 옮길 때 비로소 진정한 삶을 살 수 있음을 보여준다. 그렇게 해서 탄생한 작품이 《젊은 베르테르의 슬픔》이다.

 한 분야의 전문가로 비상하려면
괴테

괴테는 샤를로테 부프라는 여인을 사랑했다. 하지만 그녀에게는 이미 약혼자가 있었다. 괴테는 이루어질 수 없는 사랑에 슱한 고뇌에 휩싸인다. 또한 당시 베츨라르 시절에 알고 지내던 외무부 서기관 카를 빌헬름 예루살렘이 유부녀를 사랑하다 자살했다는 안타까운 소식을 듣는다. 이 두 가지 사건은 괴테에게 깊은 영향을 미쳤다. 그는 자신의 사랑에 대한 고통과 주변의 비극을 단 4주 만에《젊은 베르테르의 슬픔》이라는 소설로 완성했다. 이 작품은 사랑과 고뇌, 방황의 감정을 생생하게 담아내며 시대를 뛰어넘는 공감을 얻었고, 괴테를 불멸의 작가로 자리매김하게 했다.

괴테의 명성은 바이마르 공국까지 다다랐다. 바이마르 공국 대공인 아우구스트가 괴테를 만나길 원했다. 대공을 만난 후 괴테는 스물여섯에 삶의 터전을 바이마르로 옮긴다. 바이마르에서 행정가로서의 삶을 시작한 것이다. 그는 안정적인 환경에서 자신이 원하는 글을 써나갔다.

하지만 그 후 작품은《젊은 베르테르의 슬픔》처럼 한순간에 탄생하지 않았다. 삶은 안정적이었지만 바쁜 일상(정치와 행정)의 업무 때문에 글에 집중할 수 없었다. 괴테는 창작

에너지가 소진됨을 발견하고 예술적 영감을 되찾기 위해 이탈리아로 여행을 떠난다. 이 여행은 괴테에게 결정적 전환점이 되었다.

이탈리아 여행으로 문학과 예술에 대한 열정을 되살린 괴테는 손을 놓고 있던 《파우스트》 집필을 시작했다. 또한 중도에 멈춘 연구를 다시 시작했다. 관심 가는 분야를 수십 년 동안 연구하며 결과를 만들어갔다. 교양소설의 근원이라 불리는 《빌헬름 마이스터의 수업시대/편력시대》를 완성하는 데는 50여 년이 걸렸다. 《색채론》은 40년이 걸렸다. 괴테는 단기간의 성취에 안주하지 않고 끊임없는 연구와 몰입을 통해 작품을 완성해 나갔다. 《파우스트》는 무려 60년에 걸쳐 집필했다. 그는 한 분야에 대한 지속적인 노력과 열정이야말로 진정한 전문성을 만든다는 것을 삶으로 증명했다.

괴테의 삶을 농축시켜 놓은 문장이 바로 "인간은 노력하는 한 방황하는 법이니라"이다. 《파우스트》의 주제 선율이기도 하다. 한 분야에 전문가가 되려는 이들의 마음에 심어야 할 문장이기도 하다. 삶의 목표가 있다면 방황은 자연스레 뒤따른다. 쉽게 풀리지 않고 단박에 결과물이 나오지 않으

한 분야의 전문가로 비상하려면
괴테

면 고뇌가 시작되고 방황하기 마련이다. 방황은 곧 노력의 증거이며 자신만의 길을 찾아가는 여정이다. 노력이 없다면 방황도 없고 좌절도 없다. 시도하고 도전한 것이 없으니, 방황도 없는 것이다. 한 분야의 전문가가 되기 위해서는 수없는 방황이 필요하다. 방황 속에서 우리는 끊임없이 자신을 발견하고 한 걸음씩 앞으로 나아간다. 방황은 단순한 혼란이 아니라 성장과 성취를 향한 필수적인 과정이다. 그러니 지금 방황하고 있다면 잘 가고 있는 것이다.

괴테의 삶은 향상하려는 마음에서 비롯되었다. 일명 향상심向上心이다. 향상심은 더 나은 자신이 되고자 하는 열망이다. 이는 단순한 욕망이 아니라 끊임없이 배우고 노력하며 성장하려는 의지에서 나온다. 괴테는 향상심을 실천하며 방황과 실패를 성장의 발판으로 삼았다. 괴테가 다양한 분야에서 전문가가 될 수 있었던 것은 끊임없이 자신을 향상하려는 의지와 배움에 대한 열정 때문이었다.

괴테가 알려주는 전문가의 길

한 분야의 전문가로 비상하려면, 먼저 삶과 사람에 대한 깊

5장
더 나은 내가 되고 싶을 때, 철학이 보여준 길

은 호기심을 가져야 한다. 괴테는 세상을 단순히 스쳐 지나가지 않았다. 눈앞에 보이는 것의 표면에 머무르지 않고, 그 속에 숨겨진 원리와 본질을 끝없이 탐구했다. 문학, 과학, 예술, 정치 등 다양한 영역에서 그는 "왜 그런가?"라는 질문을 놓지 않았다. 전문가의 길은 이렇게 본질을 향한 질문에서 시작된다. 무심히 지나쳤던 작은 현상 하나에도 의미를 부여하고, 그것이 어디에서 비롯되었으며 어떤 결과를 낳을지 궁리하는 습관이 필요하다.

또한 실패를 두려워하지 말아야 한다. 괴테의 삶에서 실패는 좌절이 아니라 성장과 창작의 연료였다. 이루어질 수 없던 사랑의 아픔은 《젊은 베르테르의 슬픔》을 낳았고, 수없이 쓰고 고치기를 반복한 집필 끝에 《파우스트》라는 불멸의 작품이 탄생했다. 그는 실패를 피하지 않고, 오히려 그것을 직면하며 다시 나아갔다. 실패가 없다면 새로운 시도도, 깊이 있는 성취도 없다. 전문가로 향하는 길에서 실패는 끝이 아니라 한층 더 정교한 도약을 위한 발판이다.

그리고 과정의 기록을 습관화하자. 괴테는 영감이 떠오를 때마다 그것을 글로 남겼다. 수많은 편지와 메모, 연구

한 분야의 전문가로 비상하려면
괴테

기록은 그 자체로 그의 사유와 성장의 궤적이자 훗날 작품과 연구를 뒷받침하는 증거가 되었다. 오늘 내가 배우고 깨달은 것을 남기는 일은 단순한 기록을 넘어, 내 전문성을 증명하는 살아 있는 자료가 된다. 그것이 모이면 나만의 콘텐츠이자 창작의 토대가 된다.

마지막으로, 마음속 소망에 반응해야 한다. 괴테가 법률가의 길을 뒤로하고 문학과 과학, 예술로 나아간 것은 단순한 변덕이 아니라, 내면 깊숙이 울리는 가능성의 신호에 귀 기울였기 때문이다. 소망은 때로 현실적 제약에 가로막히지만, 그 방향을 향해 작은 발걸음을 내딛는 순간부터 변화는 시작된다. 지금 당신의 마음속에서 가장 강하게 뛰고 있는 소망은 무엇인가? 그것을 따라가면, 당신만의 전문성은 반드시 그 길 위에서 자라날 것이다.

오늘을 바꾸는 철학 한 줄

- 언젠가는 목표에 도달할 것이라는 생각으로 걷는 것은 충분치 않다. 한 걸음 한 걸음이 목표 자체가 되어야 하며, 각 걸음이 그 자체로 가치를 지녀야 한다.

- 이기는 것보다 더 중요한 일은 자신이 가진 것으로 계속 이길 수 있는지를 아는 것이다.

- 과거를 잊는 자는 결국 과거 속에 살게 된다.

- 끊임없이 살아가는 기쁨을 맛보기 위해서는 절대 시시해지지 않을 무엇이 필요하다.

- 좋지 않을 때는 결코 조바심을 내지 말자. 당신의 실력과 힘은 사라지지 않으니. 어려운 시기를 견디면, 좋은 시기에 두 배로 더 좋아진다.

나만의 깨달음 한 줄

한 분야의 전문가로 비상하려면

괴테

"책을 읽을 땐 장식처럼 꽂아두려 하지
말아야 한다. 한 줄을 읽더라도 곱씹
고, 그 뜻을 삶 속에 심어보라. 그렇게
한 장 한 장이 자신을 바꾸고, 결국 자
신의 삶도 새롭게 써 내려갈 터이니."

독서는 속도가 아니라 깊이다

AI 시대에는 지식과 정보를 손쉽게 접할 수 있다. AI는 필요
한 내용을 깔끔하게 정리해 눈앞에 제공한다. 지식이 끊임
없이 업데이트되다 보니 독서조차 즉각적인 결과를 추구하
는 경향이 짙어지고 있다. 책을 통해 얻을 수 있는 깊은 사
유와 성찰마저 AI에 의존하려고 하는 것이다.

독서는 과정에서 누리는 사유의 기쁨과 발견의 즐거움
이다. 책 속의 생각을 따라가며 자신의 생각을 더하고 한 문
장에서 멈춰 그 의미를 곱씹는 시간을 통해 우리는 단순한

5장
더 나은 내가 되고 싶을 때, 철학이 보여준 길

정보가 아닌 진정한 지혜를 얻는다. 이러한 과정은 AI가 대신할 수 없는 인간만의 고유한 경험이다. 독서는 단순히 결과를 얻기 위한 수단이 아니라 스스로 사고하고 성장하는 여정이어야 한다.

바로 이 점에서 다산 정약용의 독서 방식은 우리에게 중요한 통찰을 준다. 정약용의 독서는 단순히 지식을 축적하는 행위가 아니었다. 그는 책을 읽으며 깊이 사유하고 그것을 현실의 문제를 해결하는 데 적용했다. 그의 독서는 언제나 목적과 연결되어 있었다. 백성들의 고통을 덜고 사회를 더 나은 방향으로 이끌기 위한 실질적인 지혜를 찾는 과정이었다.

더 나은 삶을 창조한 정약용의 독서 철학

다산 정약용은 조선 후기의 뛰어난 학자이자 실학자였다. 정조의 총애를 받아 다양한 개혁 정책에 참여했지만, 정조의 승하 후 사학을 숭배했다는 이유로 유배를 당한다. 억울한 상황에서도 그는 좌절하거나 숨지 않았다. 유배 기간을 통해 자신을 돌아보며 학문에 매진했다. 18년 동안 그는 깊

책을 통해 더 나은 나로 거듭나려면
정약용

은 사유를 바탕으로 500여 권의 저서를 남겼다. 대부분이 백성들의 고통을 덜고 사회 문제를 해결하기 위한 저술이었다. 그의 학문적 성취는 실생활에 뿌리를 둔 독서 전략과 긴밀히 연결되어 있었다.

정약용은 유배지에서도 자식들에게 편지를 쓰며 삶의 지침을 선물한다. 자신 때문에 폐족廢族으로 살아가야 하는 자식에게 보낸 편지 곳곳에는 애절함이 묻어 있다. 읽는 이의 눈시울을 붉힐 정도다. 그렇다고 마냥 위로만 건네지는 않는다. 폐족이지만 당당하게 세상을 살아가는 지혜와 따끔한 충고도 아끼지 않는다. 그중의 핵심은 역시 독서다.

"마음속에 조금의 성실함만 있다면 세상이 아무리 혼란스러워도 반드시 성장할 수 있다. 너희들 집에 책이 없느냐, 재주가 없느냐? 보고 듣고 생각할 눈과 귀가 없느냐? 어째서 스스로 가능성을 닫고 포기하려 하느냐? 끝내 몰락한 삶에 머물겠다는 것이냐? 비록 너희 처지가 막혀 있다 하더라도 인간으로서 자신을 완성해 가는 길까지 막힌 것은 아니지 않느냐?"

정약용은 닭을 기를 때도 《농서農書》 같은 책을 읽으며

5장
더 나은 내가 되고 싶을 때, 철학이 보여준 길

깊이를 더하라고 충고한다. 닭을 기르는 과정을 기록하라는 말도 빠뜨리지 않는다. 그런 후에 닭 기르는 《계경鷄經》 같은 책을 지으라고 조언한다. 그는 어떤 일이든 책을 통해 기본을 익히고, 실천을 통해 경험을 쌓으며, 그 결과를 기록으로 남겨 새로운 지혜를 만들어내라고 가르쳤다.

정약용은 책을 통해 세상에 도움을 주는 지식을 찾고자 했다. 임진왜란 당시 정경달이 기록한 《난중일기》에 덧붙인 그의 말은 독서의 본질을 명확히 보여준다.

"세상에 보탬이 안 되는 책은 구름 가고 물 흐르듯 읽어도 좋다. 하지만 백성과 나라에 보탬이 되는 책은 단락마다 이해하고 구절마다 깊이 따져야 한다."

정약용에게 독서는 단순한 시간 보내기가 아니라, 책 속에서 세상을 바꾸는 지혜를 찾는 과정이었다. 그는 책을 읽다 떠오르는 번뜩이는 아이디어를 생각이 달아나기 전에 기록하라고 강조했다. 이를 질서疾書라 했다. 메모를 통해 기억을 복원하고 생각의 실마리를 풀 수 있기 때문이다.

초록抄錄도 빠질 수 없다. 정약용은 두 아들에게 보낸 편지에서 "학문에 보탬이 될 만한 것은 초록하고, 그렇지 않은

책을 통해 더 나은 나로 거듭나려면

정약용

것은 눈길도 주지 말라"고 충고했다. 초록은 중요한 내용을 옮겨 적는 독서 방법이다. 발췌와 같다.

책 속에서 만나는 한 문장이 삶을 바꾼다. 그 문장은 내 안에 살아남아 다른 지식과 연결되고 조합되어 새로운 창조물을 만들어낸다. 그래서 초록이 필요하다. 초록해 두어야 중요한 생각이 사라지지 않고 축적되며 이를 통해 더 깊은 통찰과 창조로 이어질 수 있다. 정약용이 강조한 초록은 단순히 내용을 기록하는 것이 아니라, 읽은 것을 자신의 것으로 만들고 이를 바탕으로 현실에 적용할 수 있는 지혜로 재구성하는 과정이었다. 초록은 책과 삶을 연결하는 다리이며 지식을 행동으로 전환하는 첫걸음이다.

정약용은 유배 초기에 거처하는 방 이름을 '사의재四宜齋'라고 지었다. 네 가지를 마땅히 해야 할 방이라는 뜻이다.

"생각은 마땅히 맑아야 한다. 맑지 못하면 곧바로 맑게 해야 한다. 외모는 마땅히 엄숙해야 한다. 엄숙하지 못하면 곧바로 엄숙함이 엉기도록 해야 한다. 말은 마땅히 과묵해야 한다. 과묵하지 않으면 어서 말을 그친다. 행동은 마땅히 무거워야 한다. 무겁지 않으면 어서 느긋하게 한다."

5장
더 나은 내가 되고 싶을 때, 철학이 보여준 길

사의재에서의 삶은 정약용에게 역경 속에서도 흔들리지 않는 정신을 길러주었다. 그의 삶과 사상의 깊은 뿌리가 되었다.

무작정 책을 읽는 것만으론 어제를 넘어서지 못한다. 그러니 정약용처럼 깊이 읽자. 한 문장에 멈춰 사유하고, 얻은 통찰을 기록하며, 이를 삶에 스며들게 하자. 그럴 때 책은 단순한 활자가 아니라 우리를 변화시키는 스승이 된다.

삶을 바꾸는 독서의 길

정약용이 남긴 독서의 지혜는 오늘날에도 여전히 유효하다.

먼저 책을 읽는 목적부터 분명히 하자. 취미로 읽는 경우가 아니라면, 구체적인 목표를 세워야 한다. 단순한 지식 축적이 아니라, 내 생각을 바꾸고 삶에 실질적인 변화를 일으킬 수 있는 지혜를 얻는 데 초점을 맞추는 것이다. 목적이 뚜렷할수록 독서는 방향을 잃지 않는다.

책을 펼쳤다면 질문을 품고 읽어야 한다. "왜 이렇게 말했을까?", "이 내용이 지금 내 삶에 어떻게 연결될까?"와 같은 질문이 있어야 책이 답을 준다. 의문을 가지고 분석하면

책을 통해 더 나은 나로 거듭나려면
정약용

내용의 타당성을 가려낼 수 있고, 거기에 나만의 해석을 덧붙이며 지식은 비로소 내 것이 된다.

속도보다 깊이를 추구하는 습관도 필요하다. 빠르게 넘기는 독서는 표면만 훑을 뿐이다. 한 문장, 한 단락에서 멈춰 서서 의미를 곱씹고 사유의 가지를 뻗어 나갈 때, 비로소 생각의 지평이 확장된다. 깊이는 높이를 만든다.

읽는 동안 떠오른 깨달음과 중요한 구절은 반드시 메모하고 발췌해 두자. 발췌는 지식의 씨앗을 저장하는 일이며, 훗날 글을 쓰거나 문제를 해결할 때 강력한 자원이 된다.

마지막으로, 나와 세상의 문제를 고민하며 읽어야 한다. 문제를 정확히 인식할 때 비로소 해법도 보인다. 정약용처럼 책 속에서 세상을 바꾸는 실마리를 찾아내고, 그것을 삶과 사회 속에 심어보라. 그때 독서는 단순한 취미가 아니라, 자신과 세상을 함께 성장시키는 힘이 될 것이다. 그리고 기억하라. 책 속의 문장은 읽는 순간이 아니라, 그것이 삶 속에서 숨 쉬기 시작할 때 비로소 살아난다. 독서는 곧 나를 새롭게 창조하는 일이다.

5장
더 나은 내가 되고 싶을 때, 철학이 보여준 길

오늘을 바꾸는 철학 한 줄

- 평생 곁에 두고 스승으로 삼을 책 한두 권을 가진다면, 그것이야말로 독서가 주는 가장 큰 보람이자 행복이다.

- 잘못을 깨닫고, 깊이 뉘우치며, 그것을 고쳐나갈 때 비로소 참된 배움이라 할 수 있다.

- 지금 당장의 즐거움보다 공부로 인한 고통을 택하라. 그 인내가 결국 더 깊고 오래가는 기쁨이 되어 돌아온다.

- 사람은 뉘우침을 통해 한 걸음씩 향상하는 존재다.

- 깨달은 바를 유추하여 이를 축적하고 축적된 것을 펴서 글을 짓는다. 이것을 일러 문장이라 한다. 문장이란 것은 갑작스레 얻을 수가 없다.

나만의 깨달음 한 줄

 책을 통해 더 나은 나로 거듭나려면
정약용

불확실한 세상에서도 성장하고 싶다면   파스칼

> "불확실성을 피해 숨으려 하지 말라. 그 바람을 돛에 받아 더 멀리 나아가는 법을 배우라. 생각하는 힘이 있다면, 아무리 거센 풍랑도 당신을 길 잃게 하진 못할 테니."

불확실한 세상, 피할 수 없는 현실

한 치 앞을 예측하기 힘든 불확실한 세상이다. 복잡한 사회 구조, 빠르게 변화하는 기술, 변화무쌍한 정치까지 모든 것이 끊임없이 뒤얽혀 있어 미래를 정확히 예측하는 것은 거의 불가능하다. 이런 환경에서는 계획과 예측이 쉽게 흔들리고 예상치 못한 결과와 맞닥뜨리는 일은 다반사다. 불확실성은 우리의 모든 선택과 행동에 그림자처럼 따라다니며, 예측과 결과 사이의 간극을 만들어낸다.

그럼에도 우리는 멈출 수가 없다. 멈추는 순간 도태된다고 생각하기 때문이다. 그러나 끊임없이 달리기만 해서는 불확실성을 극복할 수 없다. 속도를 내는 것보다 중요한 것은 방향을 찾는 일이다. 바로 이 지점에서 파스칼의 철학이 필요하다.

파스칼은 인간이 이성적 판단과 감정적 동요 사이에서 흔들리는 존재임을 통찰했다. 그는 불확실성을 제거할 수 없다는 현실을 인정하면서도 그 속에서 현명하게 선택하고 성장하는 법을 모색했다. 불확실한 상황은 예측 불가능한 위험이 아니라 스스로 사고하고 결단하는 성장의 기회로 볼 수 있다고 그는 역설한다.

파스칼이 전하는 사유의 힘과 내적 성찰

블레즈 파스칼은 1623년, 프랑스 클레르몽페랑에서 태어났다. 그는 어려서부터 남다른 지능을 보이며 신동으로 불렸다. 수학과 물리학에 뛰어난 재능을 보인 그는 어린 나이에 기하학과 수학의 기본 원리를 독학으로 터득했다. 열여섯 살에는 원뿔 곡선에 대한 논문(파스칼의 정리)을 발표해 학계의 주목을 받았다. 또한 기압계 실험과 파스칼의 삼각형 등

 불확실한 세상에서도 성장하고 싶다면
파스칼

은 오늘날에도 그의 천재성을 입증한다. 19세기 전기 계산기의 원조가 된 파스칼의 계산기(파스칼린) 역시 그의 손에서 탄생했다.

파스칼은 탁월한 과학적 성취에 만족하지 않았다. 인간 존재와 삶의 본질에 대해 더 깊은 성찰로 나아갔다. 그는 인간의 이성적 능력과 그 한계를 치열하게 탐구하며, 인간을 인간답게 만드는 본질적 요소가 무엇인지 고민했다. 이 과정에서 다음과 같은 통찰을 남겼다.

"인간은 자연 속에서 한낱 연약한 갈대일 뿐이다. 그러나 인간은 생각할 수 있는 갈대다. (…) 인간의 모든 존엄은 생각할 수 있다는 것에 있다. 우주의 시공간은 인간의 힘으로는 다 메울 수 없을 만큼 거대하다. 그러나 인간이 할 수 있는 유일한 노력은 생각하는 것이다."

위 이야기에서 그 유명한 "인간은 생각하는 갈대"라는 명언이 탄생했다. 파스칼은 인간의 위대함은 신체적 강함이나 물리적 힘이 아니라 사유의 능력에서 비롯된다고 보았다. 비록 자연 앞에서는 갈대처럼 미미한 존재일지라도 사유의 힘으로 자신과 세계를 이해하고, 의미를 찾아내며, 새

5장
더 나은 내가 되고 싶을 때, 철학이 보여준 길

로운 길을 개척할 수 있다는 것이다. 그는 사유의 힘이야말로 불확실성 속에서 방향을 찾게 해주는 가장 강력한 도구라고 보았다.

"생활이란 생각하는 것이 그 본질이다. 인간의 존엄성은 오로지 사고에 달려 있다."

"인간의 존엄성은 사고에 있다. 채울 수 있는 공간이나 시간에 의해서가 아니라, 바로 사고에 의존해서 자기회복을 해야 한다."

그는 감정에 휘둘리거나 단순히 본능에 따라 움직이는 것을 경계하며 이성을 통해 스스로에게 질문하고 답을 찾아가는 과정이 성장의 본질이라고 강조했다.

파스칼은 불확실한 삶을 받아들이는 태도의 중요성도 강조한다. 그는 인간이 모든 것을 알 수 없다는 사실을 받아들이는 것이야말로 성찰과 성장의 첫걸음이라고 보았다. 불확실성을 두려워하거나 회피하기보다는 그것을 탐구의 대상이자 새로운 가능성의 장으로 여길 것을 제안했다.

"우리의 모든 문제는 조용히 앉아 자신을 성찰하지 못하는 데서 비롯된다."

불확실한 세상에서도 성장하고 싶다면
파스칼

파스칼은 성찰을 인간 존재의 본질적 행위로 보았다. 그는 외부 세계의 불확실성은 피할 수 없지만 내면을 돌아보고 생각하는 힘을 통해 이를 이해하고 대응할 수 있다고 믿었다. 그래서 "인간은 불완전한 존재이지만, 동시에 무한한 가능성을 가진 존재이다"라고 말했다.

현대 사회는 끊임없는 정보와 자극으로 가득 차 있어 불확실성은 곧 불안으로 이어지기 쉽다. 하지만 파스칼은 외부의 혼란이 아니라 내면의 침묵 부재야말로 인간의 가장 큰 문제라고 했다. 진정한 성장은 최신 기술을 습득하는 것이 아니라, 자신을 성찰하는 사유의 시간에서 시작된다. 해결책은 외부가 아니라 우리 내면에 있다.

파스칼은 인간의 내면적 성찰과 함께 습관의 힘을 깊이 통찰했다. 그는 "습관은 제2의 천성으로 제1의 천성을 파괴한다"라고 말하며, 반복된 행동과 생각이 인간을 무의식적으로 지배할 수 있음을 경고했다. 습관은 인간을 익숙함과 관성에 빠지게 만들어 새로운 선택과 성찰의 기회를 차단한다. 그는 "인간은 익숙해지면 의심하지 않는다"라고 말하며 좋지 않은 습관이야말로 성장을 가로막는 가장 큰 장애물이라고 보았다.

파스칼에게 습관은 단순히 부정적인 것만은 아니었다. 그는 습관이 제2의 천성이라면 성찰과 의지를 통해 새로운 천성을 만들어나갈 수 있다고 보았다. 이는 인간이 자신의 행동과 사고를 의식적으로 재구성하여 더 나은 방향으로 변화할 수 있는 가능성을 의미한다. 습관을 재정립하고 자기 자신을 새롭게 만들어가는 힘이야말로 불확실성 속에서도 흔들리지 않고 지속적으로 성장하는 인간의 능력이다.

파스칼은 인간 인식의 불완전성을 겸허히 받아들이면서도 사유와 성찰을 통해 더 깊은 이해로 나아가는 노력을 인간의 궁극적 과제로 보았다. 그의 시대에는 널리 쓰이지 않던 '진보'라는 단어를 사용하며 인간이 완전한 진리에 도달할 수는 없더라도 끊임없는 탐구와 성찰을 통해 더 나은 상태로 나아갈 수 있다는 믿음을 강조했다.

그에게 '진보'란 완벽함의 성취가 아니라 자신의 한계를 자각하고 그 경계를 확장하는 과정이었다. 인간은 오류를 범하고 실수를 반복할 수 있는 존재이다. 하지만 사유의 힘을 통해 과거의 실수에서 배우고 더 높은 통찰로 나아갈 수

불확실한 세상에서도 성장하고 싶다면
파스칼

있다. 지속적인 성찰과 배움, 끊임없는 성장과 발전을 향한 노력이 파스칼이 말하는 인간의 진보였다.

인간의 위대함은 완전함이 아니라 끊임없는 성찰과 변화의 여정에 있다. 불확실성 속에서도 자신의 한계를 인정하고 더 나은 내일을 향해 나아가는 용기, 그것이야말로 인간을 인간답게 만드는 가장 고귀한 힘이다.

불확실한 시대를 극복하는 성장의 지혜

파스칼의 사유로 어떻게 불확실한 시대를 극복하며 성장할 수 있을까. 먼저 좋은 습관을 만드는 일부터 시작해야 한다. 작은 행동이라도 매일 반복하면 그것이 모여 삶의 방향을 바꾼다. 습관은 강한 의지로만 유지되기 어렵다. 오히려 환경과 시스템 속에 자연스럽게 녹여야 오래 간다. 아침에 일어나 감사 노트를 쓰거나, 하루 10분이라도 독서를 하고, 혼자 사색하며 걷는 시간을 확보하는 것처럼 말이다. 이 작은 습관들이 불확실한 세상에서도 나를 지탱하는 기반이 된다.

지속적으로 도전할 만한 분야를 찾는 것도 중요하다. 자신의 관심과 강점을 살릴 수 있는 영역을 정하고 꾸준히 깊

5장
더 나은 내가 되고 싶을 때, 철학이 보여준 길

이를 더하는 것이다. 단기 성과를 노리는 것이 아니라 오래 붙들고 탐구할 수 있는 주제를 선택하라. 열정을 느낄 수 있는 분야라면 과정에서 오는 어려움조차 성장의 연료가 된다.

자기 한계를 겸허히 받아들이자. 파스칼은 인간의 지식은 언제나 제한적이지만, 그 한계를 깨닫는 순간 진정한 배움이 시작된다고 했다. 한계를 인식하면 무리한 욕심 대신 지속 가능한 도전을 설계할 수 있다. 이를 통해 더 멀리, 더 오래 나아갈 힘이 생긴다.

변화를 원한다면 익숙함을 의심하는 연습도 필요하다. 파스칼은 인간이 무의식적으로 받아들이는 고정관념과 관성이 성장을 막는다고 경고했다. 기존 사고의 틀을 깨고 새로운 관점에서 세상을 바라보자. 지금까지 당연하게 여겼던 일들을 의문에 부치는 순간, 변화와 성장은 이미 시작된 것이다.

내면의 소리를 듣는 훈련도 게을리하지 말자. 세상의 소음에 묻혀서는 나의 진정한 가치와 목표를 인식하기 어렵다. 잠시 멈추어 고요 속에서 끊임없이 사유를 이어가야 한

불확실한 세상에서도 성장하고 싶다면
파스칼

다. 파스칼이 말했듯, 불확실성 속에서 방향을 잃지 않는 힘은 사유와 성찰에서 나온다. 내면의 목소리를 붙잡고 그에 따라 행동하는 훈련이야말로 흔들리는 세상 속에서도 지속적으로 성장하는 가장 확실한 방법이다.

불확실성은 우리를 흔들지만, 동시에 새로운 길로 이끄는 바람이기도 하다. 그 바람을 막으려 애쓰는 대신, 돛을 조정해 더 멀리 나아갈 기회로 삼아야 한다. 매일의 작은 습관과 끊임없는 사유는 그 돛을 단단히 세우는 작업이다. 파스칼이 말한 사유의 힘은 바로 이 항해술과 같다. 폭풍이 몰아쳐도 사유하는 자는 표류하지 않는다. 세상이 예측 불가능하게 요동칠수록 생각하는 힘이 우리를 목적지까지 데려다줄 것이다.

오늘을 바꾸는 철학 한 줄

- 고민하며 길을 찾는 사람, 그가 바로 참된 인간이다.

- 우리는 종종 눈앞에 절벽이 있다는 사실을 외면한 채, 그 앞을 가려놓고는 아무런 망설임 없이 뛰어든다.

- 결점이 많은 것은 분명 좋지 않지만 그것을 인정하지 않는 것은 더 큰 잘못이다.

- 사람은 언제나 자신이 이해하지 못하는 것을 모조리 부정하고 싶어 하는 경향이 있다

나만의 깨달음 한 줄

불확실한 세상에서도 성장하고 싶다면
파스칼

괜찮냐고, 철학이 내게 물었다

초판 1쇄 발행 2026년 01월 26일

지은이 임재성
펴낸이 김상현

콘텐츠사업본부장 유재선
출판팀장 전수현　**책임편집** 윤정기　**편집** 심재헌 이경미　**디자인** 김예리 권성민
마케팅팀 엄재욱 이영섭 남소현 최문실 배성경
미디어사업팀 김진형 김예은 정선영 정영원 정수아
경영지원 이관행 김준하 안지선 김지우 장사랑

펴낸곳 (주)필름
등록번호 제2019-000002호　**등록일자** 2019년 01월 08일
주소 서울시 영등포구 영등포로 150, 생각공장 당산 A1409
전화 070-4141-8210　**팩스** 070-7614-8226
이메일 book@feelmgroup.com

필름출판사 '우리의 이야기는 영화다'

우리는 작가의 문체와 색을 온전하게 담아낼 수 있는 방법을 고민하며 책을 펴내고 있습니다.
스쳐가는 일상을 기록하는 당신의 시선 그리고 시선 속 삶의 풍경을 책에 상영하고 싶습니다.

홈페이지 feelmgroup.com　　**인스타그램** instagram.com/feelmbook

ISBN 979-11-93262-92-4(03100)